Ernst Otto Lindner

Fliegende Blätter in Zipser Mundart

Ernst Otto Lindner

Fliegende Blätter in Zipser Mundart

ISBN/EAN: 9783744605793

Hergestellt in Europa, USA, Kanada, Australien, Japan

Cover: Foto ©ninafisch / pixelio.de

Weitere Bücher finden Sie auf **www.hansebooks.com**

Fliegende Blätter

in

Zipser Mundart

von

Ernst Lindner.

— · · —

Erste und zweite Lieferung.

(Preis der Lieferung 1 fl. ö. W.)

Wien 1864.

In Commission bei Tendler u. Comp. (Karl Fromme).
Verlag des Verfassers.

Druck von Friedr. & Moritz Förster.

Inhalt.

Druckfehler.

Seite	Zeile		anstatt:	schreibe:
3	2	v. o.	faaidnen	faaidnèn
„	12	„	Bichcherchen	Bichchèrchen
„	7	v. u.	Korfhammtès	Korfhammstès
4	2	v. o.	Fnaailèrchen	Fraailèrchen
5, 17	1	„	Lieder	Blätter
5	9	„	geftochchen	gèftochchen
6	6	„	Mëttläidich	Mëttlaaidich
7	1	v. u.	Knëpp?	Knëpp?"
8	9	v. o.	Fannflëtkeis	Fannflëtkèrs
18	3	„	Wi's — tuun;	Wi's di Minnich ën Kläistèrn gèmäinitlich tuun;
19	4	„	Semikolon	Punkt
„	5	„	gèfchwënnd, wos	gèfchwënnd. Wof
20	14	„	Siben	Zëën
23	3	„	Glëtkfäiligkeit	Glëtkfäiligkait
„	2	v. u.	gefooren	gèfooren
24	1	„	Schäines	Schäinès
25	2	„	ftrëllain	ftrëllain
27	9	„	faain!"	faain!
28	2	„	man auch	män äuch
30	10	„	bèsschen	bèsschen
„	1	„	kläinä	kläinè
31, 32			Jnen	Jnèn
32	7	„	bènnk	bènnk
„	3	„	zufprënngt	zufprënngt
34	5	„	fpillbijen	fpillnbijen
36	4	v. o.	wëer	wëër
38	6	v. u.	Schmätzèrchen	Schmätzèrchen
39	3	v. o.	himmelbänè	himmelbläuè

Bëppsèrschèr Lüdèrpuschschen.

Ersthte bis sèchchzichstè Bluum.

———————

Fliegende Blätter in Zipser Mundart.

Orthographische Vorerinnerung.

e ist das stumme, ë das geschlossene, ĕ und ä das offene e, äi und äu offenes e mit nachstürzendem i und u, sd (= frz. j) das weiche sch, s weich, s scharf; Laut-Dehnung ist durch Buchstaben-Doppelung bezeichnet.

I.

Frischschbliindijèr und schäinrichchendijèr

Bëppsèrschèr Liidèrpuschschen,

èn vèrflitzten Jonng und vèrscheëmten Jonnkfèrn vor di Brosst gèstochchen

von

Cènndnèrs Ëërnst von Käifenmark.

Errschtè und zwaaitè Blumm.

I. Ä Studèntenliid aus Kläin-Trèppstrèlln,

wu allet kläin ëss.

Abjëë, Lizëëums-Lëërèrchen!
Abjëë! Korshammstès Diinèrchen!
Bill bèssrè Proffèssèërèrchen
Gäin rëmm èn Krinoliinèrchen.

Nor laaièrt aièr Laaièrchen:
Bir holln uns bai di Schätzèrchen,
Stotts Äinsèrchen und Zwaaièrchen,
Di ëminèntsten Schmätzèrchen.

Und sperrd èr uns ëus Kärrzèrchen,
    Sä träisten uns bi Fraailèrchen
Mëb iirè wäichen Hèrrzèrchen,
    Mëb iirè sissen Maailèrchen.

Bill bèss, als bai aich Schënnèrchen,
    Aus aaièrn lausijen Hèfftèrchen,
Lëër biir bai bi Maidënnèrchen
    All aairè Wëssenschäfftèrchen!

Dèr * * ëss ä Fuschschèrchen
    Mët saain Natuur=Gèschichchtèrchen.
Dä saain unsrè Maibuschschèrchen
    Ganz annbrè Kiirchen=Lichchtèrchen.

Dèr zaaigt uns ën Lizëëumchen
    Å poor vèrpuustè Quärrkèrchen;
Jëëb Maaibchen ës ä Musëëumchen
    Dèr schënnsten Gottèswèrrkèrchen!

Di Åigelchen von bi Ènngelchen
    Sain himmlischhèllè Stëërnèrchen;
Di räiselnbijen Wänngelchen
    Räisèrchen oonè Dëërnèrchen.

Di Gèschschèrchen sain Korällèrchen,
    Bliiträubè Purpur=Mischschchelchen;
Di Zännbèrchen Schnäi=Kriställèrchen,
    Schnäiwaaissè Pèrrel=Pischschchelchen.

Wi braaunè, bloundè Schlänngelchen
Rënngeln bi saaibnen Lëkkèrchen
Sich roop off Räusen-Wänngelchen,
Sich roop off Schwoon-Gènëkkèrchen!

Unb huugèrn nëch ën Laaibèrchen
Di jënnkfèrlijjen Brëssstèrchen,
Alswii schnäiwaaissè Taaibèrchen
Poorwaais ën iiren Nësstèrchen?

Von Stëërnèrchen, von Stäinèrchen,
Von Flännzèrchen, von Bichchèrchen,
Di schënnsten Lëkkziäinèrchen,
Lëër biir däu oonè Bichchèrchen!

Bir strènng uns nëch oon bi Këppèrchen,
Spillnbich bègraaif bèr bi Dënngèrchen.
Bir schwëtzen käin' Anngst-Trëppèrchen,
Unb hoon sè on sëmf Fënngèrchen!

Abjëë, Lizëëums-Lëërèrchen!
Abjëë! Korshammtès Diinèrchen!
Bill bèssrè Proffèssëërèrchen
Gäin rënnm ën Krinoliinèrchen.

Laaièrt ir aièr Laaièrchen:
Bir holln uns bai di Schätzèrchen,
Stotts Äinsèrchen und Zwaaièrchen,
Di ëminèntsten Schmätzèrchen.

Und fpèrrd èr uns ëns Kärrzèrchen,
  Sä träisten uns bi Fnaailèrchen
Mëd iirè fammften Hèrrzèrchen,
  Mëd iirè fissen Maailèrchen.

Vill bèss, als bai aich Schènnèrchen,
  Aus aaièrn laufijen Hèfftèrchen,
Lëër bir bai bi Maibènnèrchen
  All aairè Wëssenfchäfftèrchen.

—————

II. Vèrfläilndijè Liib.

Komm hëër, du fchäinèr fchlannkèr Räufenftraauch,
Und foog mèr, faai ich bènnk bèr Friijoors-Haauch,
Dasst zittèrst bai main Komm und ëmmèrënng
Di räuden Räiflain on bèr raaussèrbrëng? —
  Komm hëër, du fchichtèrn fchäin Bläu-Vaailchen main;
Soog, faai ich bènnk bèr Mèttoogs-Sonnèfchaain,
Dasst vor main Blëkk bos fammftè Këppchen fennkst,
Di fchäin Bläu-Aigèlaain zur Ëërd roop lènnkst? —
  O loss mich, ftotts bèr Sonn, än Stëëren faain,
Und fchaaun, Bläu-Vaailchen, ën bain Aigèlaain!
O loss mich, wènn ich faai bèr Friijoors-Haauch,
Dain' Räislain possen, fchäinèr Räufenftraauch!

—————

Wien, 1863.
Verlag des Verfassers, zu haben bei Tendler u. Comp. (Karl Fromme).
Preis 10 Nkr.
Truck von Friedr. & Moritz Förster.

Fliegende Lieder in Zipſer Mundart.

Orthographiſche Vorerinnerung.

e ift das ſtumme, ê das geſchloſſene, ë und ä das offene e, äi und äu offenes e mit nachſtürzendem i und u, ſv (= frz. j) das weiche ſch, ſ weich, s ſcharf; Laut=Dehnung iſt durch Buchſtaben=Doppelung bezeichnet.

II.

Friſch=bliindijèr und ſchäin=richchendijèr

Bëpsèrschèr Liidèr-Puschschen,

èn vèrflizten Zong und vèrſchëëmten Zonkfèrn vor bi Brosst geſtochchen

von

Lèndnèrs Ëërnst von Käiſenmark.

Drettê und viirtê Bluum.

III. Dèr Männ èn dèr Poppèr.
Ä Bäilèrſtèkkelchen.

Fannſlèkkèrs Tiinê
Ës èn gruussen Soorgen,
Dèr dènkt oww=è=niidèr:
Wos èss ich moorgen?

Käin Fann zu ſlèkken,
Käin Gèld èn dèr Taſchſch,
Käin Bräud èn Tanisstèr,
Käin Schnapps èn dèr Flaſchſch!

Dèr stäit on dèr Poppèr,
Nèch waait von dèr Bäil,
Unb schaaut ëns Wassèr
Mët traaurijèr Säil.

Aufen Wassèr dèr Mäun schaaut
Mëttläibich nèn oon,
Als mëcht èr zu nèn soogen:
Main Suun, wos wëllst hoon?

Mët äinmäul dèrwachscht nèn
Awoos ën dèr Säil.
Dèr brëkkt sich ën Hutt ënn
Unb läift ën di Bäil,

Unb kraaischt, wos èr kann:
„Lait raaus! Lait raaus!
„Dèr Mäun ës ën dèr Poppèr,
„Kommt ziit nèn raaus!" —

Dii nènnn nor di Dollomänn
Mët di sëllbèrnèn Knëpp,
Käin Tschiishen on di Fiss,
Käin Hitt off di Këpp,

Nèmm Häiken und Gaffeln
Unb läufen ons Wassèr,
Unb sëën halt richtich
Ën Mäun ën Wassèr!

Di schmaaissen bi Dollomänn
Fluggst iibèr bi Ëèrb,
Sprëng rènnèr, wiiln rèmmèr,
Wii sich's gèhëërt;

Ñin's Häuken blaibt stèchchen,
Dèr mäint èn Mäun zu hoou:
„Kommt hèlft mèr! ich hoo nèn!
„Kommt hängt aich mèr oon!"

Di schmaissen bi Häiken
Unb häng sich nèn oou,
Unb ziin nèn, unb ziin nèn,
Unb strèng sich rècht oon;

Dèr Häuken, bèr woor
Ën är Wuurzel vèrfang,
Mèt ämäul ës bi Wuurzel
Bonänanbèr gègang,

Di falln owwen Rèlk
Unb sëën èn Mäun on Himmel:
„Na braaussen ës èr, Briibèr!
„Gott saai's gèbaukt ën Himmel!" —

Di nèmm igt bi Dollomänn
Unb läufen zèrèkk;
Fluggs kraaischen bi Waaibèr:
„Wu hoob èr bi Knèpp?

Di ſchaaun off bi Dollomänn:
Käin Knëpp ſain droon!
Di tichchèrn oww=ä=niibèr:
Wu ſoßn ſè ſè hoon?

Ich oobèr kann aich ſoogen,
Wu ſè hinn ſaain kumm:
Fannflëkkèrs Dupptſchokk,
Dëër hat ſè gènumm.

IV. Fannflëkkèrs=Liidchen.
Schottiſch.

Mët Losstigkait tuu ich bi Hèchcheln mèr zändeln,
  Mët Losstigkait tuu ich bi Lëffel mèr ſchläun,
Mët Losstigkait tuu ich bi Fännèrchen flëkken,
  Und kissen main Kättchen, wènn aßst ës gètäun.

Èn liiben lang Toog tu ich häiben èn Hoomèr,
  Èn liiben lang Toog tu ich tſaaiſen und ſëng,
Di liibè langè Noocht tu ich brokken main Schätzchen,
  Di liibè langè Noocht tit mich's Schätzchen ëmſchlëng.

Wien, 1863.
Verlag des Verfaſſers, zu haben bei Tendler u. Comp. (Karl Fromme).
Preis 10 Kr.
Druck von Friedr. & Moritz Förſter.

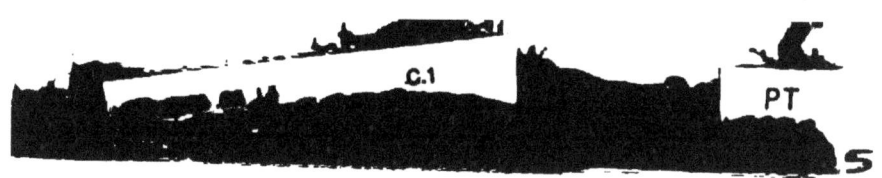

Fliegende Blätter in Zipser Mundart.

Orthographische Vorerinnerung.

e ist stummes, ê geschlossenes, è und ä offenes e; äi und äu offe=
nes e mit nachstürzendem i und u; s (anlautend ſ. Sı) ſcharf, ſ. S weich,
ſch ſcharf, ſch weich, wie frz. J; ſ. S vor p und t im Stammanlaut gleich
ſch; Laut=Dehnung durch Buchſtaben=Doppelung bezeichnet.

III.

Friſchſchbliindijèr und ſchäinrichchendijèr

Bëppsèrſchèr Lüidèrpuſchſchen,

èn vèrflitzten Jong und vèrſchêêmten Jonſfèrn vor di Brosſt gèſtochchen

von

Lénndnèrs Êèrnst von Käiſenmark.

Fêmftè Bluum.

V. Dèr Karfonnkelſtäin.

Karfonnkeltuurem häisst bis haait
Ä huchchèr Fèllſen bai di Säin,
Dènn van nèn hab ën voor'jèr Baait
Gèfènnkelt ä Karfonnkelſtäin.
Ä wundèrboorèr räubèr Glanz
Had allè Roochten Grënd and Häin
Lipplich dèrhëllt and ſlènken Fäin
Gèlaaicht bain lofft'jen Rènngeltanz.
And wènnd èr wëllt, wëll ich's aich ſoogen,
Wii dass ès ſich hat zuugètroogen,
Dass dèr Karfonnkel roop êss kumm,
And wëër nèn roopèr hat gènumm.

Boor ä poor hundèrt Jooren woor
Ä Schäifèrs-Maaibchen bai di Säin.
Doos woor aich wundèrwundèrschäin!
Es hat gèhatt golbgëële Hoor,
Als wii ä Sonnè licht anb kloor,
Ä Gèschschchen anb zwai Wänngelchen,
Wi nar bi liiben Ènngelchen,
Anb Äigelchen wi Blitzèrchen
Anb wundèrschäinè Zitzèrchen.
Schlank woors aich, wi ä jongès Räi,
Anb waaiss, wi frischgèfallnèr Schnäi,
Anb wènns ëss roopkumm aus bèr Häi,
Jr hätt gègläibt, ès kimmt ä Fäi.
Jtjëëbrèr, bëërs hat oongèschaaut,
Hat sich's gèwèntscht zu sainèr Braaut.

Säu hat's ämäul äuch Täikels Suun
Van Käisenmarkèr Schloss bèrbläkkt.
Fluggst ëss nèn ganz bèr Kopp vèrrëkkt,
Anb ninbèrts kann èr nëch mäi ruun.
Dèr mächcht sich off anb gäit älläin
Roff ëns Gèbiirich zu bi Säin,
Anb fènbt èn Bëëtsch èn bèr Kaliibè.
„Na, Vootèr, Gott gëb aich Gèlëkk!"
„Wu hoob èr aièr Kènb, bos liibè?"
„Gäit, hullt mèrs hëër èn Augenblëkk!

„Ich kann var laauter Liib nëch ruun,
„Ich muss ës hoon zun Waaib nach hënt!
„Ir lënnt mich, ich sai Täifels Suun;
„Nach hënt ëss Gräiwen aièr Kënd."

Dèr Bëëtfch kimmt raaus aus bèr Kaliibè:
„Saain Sè wëllkomm zu uns, Hèrr Gräuf!
„Ës Maaidchen hitt ën Tool bi Schäuf.
„Aha, däu kimmts schunt ën bi Häi;
„Nëch näitich, dass ich's ruffen gäi. —
„Ës mëcht mich jä unmiiglich fraain,
„Wènn's Maaidchen mëcht ä Gräiwen saain.
„Ëndèss, Si wollben schäin vèrzaain,
„Hèrr Gräuf, ich gläib, ës wëtt nëch gäin.
„Dos Maaidchen hab ä Hèrz wi Stäin!
„Bill Hëëren hoon's schunt oongèrëbbt,
„Anb wooren raaich anb wooren schäin:
„'s hat oobèr äinmäul sich vèrrëbbt,
„Zun Mann zu nèmm nar bëën älläin,
„Dëër roopbrèngt ën Karfonnkelstäin. —
„Bill hoons prabiirt, Käin ëss ës nëchch
„Gèglëkkt, zu kumm bis ën bi Hëchch.
„Prabiiren Sè, schër hoon Sè Glëkk;
„Wènn nëchch, fä gäin Sè halt äuch zèrëkk."

Dach alten Täifels Suun van Schloss
Mächt boos käin Grimmelchen Vèrdross.

Dèr mäusst èn Tuurem mëd än Blëkk,
Schaaut offs Maibuschschchen nach zèrkk,
Schmaaist van bèr Scholbèr ès Gèwand,
Spukkt sich ä poormäul èn di Hand,
Dänn mächt èr mëd ämäul än Satz
And klèttèrt roffèr, wi ä Katz. —
Di Liib, di hat nèn Krafft gègëën,
Zu tuun, wos Käinèr nach gèfëën,
Auch Käinèr nach gètäuu gèwëss. —
And wii èr itz bèrtäuben ëss,
Dèrtäppt èr èn Karfounkelstäin.
Dëër oobèr wëll nëch roopèr gäin.
Dènn unten owwen Grond van Säi,
Däu hat gèwäunt ä mächt'jè Fäi,
Dii hat's Kläinäud fäu fèsstgèbannt,
Dass 's roopèrnimmt käin Mènntschenhand.

Dach alten Täikels Suun van Schloss
Mächt doos käin Grimmelchen Vèrdross.
Dèr nimmt van Giirtel di Pistäul,
And lèbt sè bis ons Ränbchen väul,
Schitt off di Tfann and spännd èn Hoon,
Hält's Lochch bänn on Karfonnkel roon,
Drëkkt läus, and dèr gèbanntè Stäin
Kann Pollbèrs Macht nëch widèrstäin,
Dèr flättèrt ën di Lofft and glutzt,
Alswii wènn sich ä Stëërenchen putzt,

Anb wëër äuch roopgèfaaln ën Schnäi:
Dach unten owwen Grond bi Fäi,
Kann's Pollbèr vill, bii kann nach mäi,
Dii hëxxt nèn roopèr aus bèr Häi
Anb mëtten klättscht èr rënn ëns Säi.

Dach alten Täikels Suun van Schloss
Mächt's nëch ä Grimmelchen Vèrbross.
Dèr schmaaist sich roop van Fèlsen itz
Anb wi van Himmel schläit ä Blitz,
Säu schläit èr mëtten rënn ëns Säi,
Anb lässt sich roopèr, wu bi Fäi
Aus puur Karfonnkel anb Gronoot
Hat van Kaschliiln ä ganzè Stoot,
Däuhëërenbs roffzuhulln ën Stäin.
Dach wii èr roopèr ëss gëkumm,
Sä hoon nèn fluggst ën Kräis gènumm
Ä hunbèrt wuntèrschäinè Fäin,
Anb hoon nèn gèbrokkt, anb hoon nèn gèposst,
Anb hoon nèn nëch mäi wèggèlosst.

Anb alten Täikels Suun van Schloss
Mächt's nëch ä Grimmelchen Vèrbross.
Dènn wii nèn nar äinè Fäi hat gèposst,
Sä hat èr van Maaibchen schunt nischt mäi gèwosst.

Fliegende Blätter in Zipser Mundart.
IV.

Frischschbliindijèr und schäinrichchendijèr

Zèppsèrschèr Lüidèrpuschschen,

èn vèrflißten Jong und vèrschëëmten Jonkfèrn vor bi Brosst gèstochchen

von

Ffundnèrs Ëërnst von Käisenmark.

Sèllstè Bluum.

———

VI. Di Fuliir.
Ä Bäilèrstèllelchen.

Dass dich 's Maaisschen soll sappen,
   Stäinwènklèrs hèèrè Miinè!
Zwaai, wi Laainpußèrs Mischschè
   Und Ffubenkootèrs Tiinè,

Zwaai sèttè schäinè Purschen
   Hoon sè von Hèrzen gèèren:
Und bi vèrflißtè Miinè
   Wèll von sè goor nischt hèèren!

Iß gäin sè sè oonräiden,
   Ën Gaala, hochch bi Kèpp:
Und bi vèrflißtè Miinè
   Di gètt nèn goor bi Schèpp!

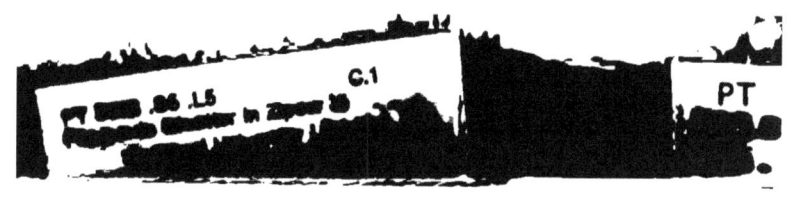

Doos raaisst nèn schirr ès Hèrz oop.
  Di raauzen Rotz und Zëëren;
Di raauzen Toog und Noocht buurch.
  Hèrr Jäi, wos wëtt bos wëëren? —

Wii sè sich aausgèraauzt hoon,
  Soogen sè kiin: „Itz gäi bèr!
„Gäi bèr zun Bruudèr Doowètz.
  „Wëërb bèr unf oon als Räibèr!

„Itz hat sè uns bi Schëpp gëën:
  „Di wëbb uns wëlln noch gëëren,
„Wènn bèr wën bald ènhäim komm
  „Als gruussè raaichè Hëëren."

Di tuurkeln tiff èn Waldb rënn . . .
  Bums! liigen sè off bèr Noos.
„Itz wëër bèr bald gèstolpèrt!
  „Nain Wëëtèr, iibèr woos?"

Di groobeln off und grappeln
  Èn Groos rëm und èn Tschuschschken:
Dä blaaiben fluggs bi Fënngèr
  Nèn klëëbèrn oon är Puschschken.

Dä saain sè väulèr Fraaiden,
  Fang oon zu jubèliiren:
„Itz hoo bèr ä Fuliir jä!
  „Itz kann bèr jä fuliiren!"

Unb wënn äuch fluggs fuliiren.
 „Häi, bi Fuliir ëss lanng!
 „Wènnst b' bläist, bèrgräichst käin Klapp nëch!
 „Woof ëss hi oonzufanng?"

Di kratzen hënndèrn Dor sich.
 Dèr Tiinè titt än Sprënngèr:
 „Ich hoo's!... Glaaich wët's fuliiren!
 „Mischschè, bu bläuf, ich fënngèr!"

Dèr Mischschè bläist, bèr Tiinè
 Wëll fënngèrn, piff! titt's knalln;
Dèr Tiinè spèrrb ès Maaul off,
 Unb siit èn Mischschè falln.

Dèr Tiinè kraaischt: „Spukk aaus, spukk!"
 Dèr Mischschè liggt wi täut.
Dèr Tiinè läigt sich zuu nèn:
 „Sä nèmm äuch michch, bu Täub!"

Di ruun... Dä komm von Himmel
 Stëll roop zwai Räigentroppen;
Dä sprëng sè off,... bèr Mischschè
 Spukkt,... spukkt von Wëërg än Stoppen.

Wien, 1863.
Verlag des Verfassers, zu haben bei Tendler u. Comp. (Karl Fromme).
Preis 20 Nkr.

Druck von Friedr & Moritz Förster.

Fliegende Lieder in Zipſer Mundart.

V.

Immèrbliinbijèr, zänbèrkräfftijèr

Bëppsèrschèr Liidèrpuschschen,

woos èr burch allè birren Stält
tſchwèſchen Gèbiirich unb bir Kunnbèt
än ſltten ſchäin Gèroſch vèrbräit,
bass allèt bèrquèfft èss unb vèrwunnbèrt,

in äignèn Gèèrtchen oopgèſtällt,
in Jonngèrn mèb än Grisschen,
in Jonnkfèrn mèb än Kisschen
von Wiin aus in bi Zèpps gèſchèfft

von

Fenndnèrs Ëërnst von Käiſenmark.

Siibentè unb achttè Bluum.

VII. Dèr fliigenbijè Minnich.

Èn räuben Kläustèr woor ämäul
Dèr ſchènnstè Jonng von Zèppsèrlannb,
Vollkomm von Würbel bis zur Säul,
Dèrzuu von ſchrèfflijen Vèrſtannb,
Èns Minnich-Gèwannb,
Èn bi Zèll gèbannt.
Unb, wii's èn Bichchèrn èss gèbliiben
Von allben Zaaiben offgèſchriiben,
Zipriaanus woor èr zuubènannt.

Sain gruussèr Vèrstannd
Hat nèn nēchch gèlosst ruun,
Wi's bi iibrijen Minnich, di Tommkëpp, tuun;
Dèr hat Toog unb Noocht
Hin unb hēēr gèboocht,
Stubiirt,
Probiirt,
Doos raauszukriigen,
D a s s bi Mènntschen kiunten wi Bäigel fliigen.

Säu hatt èr schunnb of manncht Ēxpērimènnt
Bill Zaaib unb Gèllb unb Mii gèhatt vèrwènndt,
Unb boch noch käin Gèlènng gèsēēn,
Schirr schunnb bi Hoffnung offgègēēn,
Wii mētt nèn sich hat zuugètroogen,
Woos ich aich wēllns sai itzt zu soogen.
Härrcht allso oon, wos ich aich soog!

Ēs ēss ä Summèrs-Nāumēttoog.
Di Minnch zuhäuff
Sain tiff ēn Schläuff,
Nur Zipprius titt käin Aug nēch zuu;
Dēēn lēsst's Stubiiren käinè Ruu.
Gèbikkt ibèr Bichchèr
Unb Maschschinèriin,
Vèrtifft ēn Gètichchèr
Unb Ziirkelziin,
Säu stäit èr ēn bèr tonnkeln Zèll.

Mëb ämäul titt's: pënnk! pënuk!
On fain Fënnstèr fäu flënnk,
Unb fënnkelt fäu hell!
Ës hatt nèn än kläin Schäuch gègëën;
Dèr schaaut gèschwënnb, wos ëss zu fëën?
Ës pënnkèrt ä wunnbèrschäin Jënngèrchen
Ons Fënnstèr mët räislijen Fënngèrchen
Unb schittelt bi gollbijen Lëkkelchen
Unb rifft mëb är Stëmm wi ä Glëkkelchen:

„Machch off,
„Main liibèr Zipprius!
„Ich hoff,
„Du bëst käin Hoosenfuss.
„Ich faai äuch käin Husch schwai, käin Hèllèbrannb;
„Von bi Ënngelchen komm ich, von himmlischen Lannb.
„Di hoon dich bèlaauèrt
„Unb hèrrzlich bèbaauèrt,
„Wist Fliigel unb Fliigel zufoom hast gèflëkkt,
„Unb dèr boch mët bën Fliigeln noch käin Fluug ëss gèglëkkt,
„Unb hoon dèr mich itzènb zur Hëlf gèschëkkt
„Unb ichch wëë fluggs dèr Fliigel machchen,
„Dass dèr ès Hèrrz ën Laaib wëtt lachchen!"

Off dèr Zäubèrstëmms Klanng
Ibèrläigt èrs nëch lanng,
Dräit off bi Riigel,

Und bi Zèll
Wird hèll,
Und bi Lofft
Fèllt Dofft;
Rènnflèttèrt off gollbijen Fliigelchen
Es wunndèrschäinè Jènngèrchen,
Und riirt nèn mèt räiflijen Fènngèrchen,
Und zaaigt nèn ä Zäubèr=Spiigelchen.

Und èn Spiigelchen fiit èr ä Schäifèrn on Säi,
Säu schäin, wi ä schaaumuntftiigènè Fäi,
Di fètzt däu èn wäichen, èn griinbijen Mäuss,
Wi èn griinbijen Kèllch bi Gèbiirichs=Räuss,
Und hällt owwen Schäuss
Siben Hèèlmèrchen Groos,
Und bènndt fè zuhäuff,
Und bènnkt fich, äib boos,
Wos fè's hènnt èn Schläuff
Hat gèträimt äfäu schäin,
Èn Dèrfèllung wèt gäin? — —
Und dèr Krannz èss gèlonng,
Und bi Maaid
Èss väul Fraaid
Èn bi Häi gèspronng!

Schaut, schaaut wi èr iibèr bi Schèllbèrchen rollt
Es rènnglijè Hoor als wi riifelndich Gollb!
Und wii èr bi Äigelchen blitzen, bi bläun,
Als hätten zwai Hiumel fich offgètäun!

Wi ès Wänngelchen bliit!
Wi ès Gèſchſchchen gliit!
Wi di Brèsstèrchen ſprènng!
Wi di Èërmèrchen zèkken,
Äwëën zu èmſchlënng
Unb ons Hèrrzchen zu brèkken! —

    Wi èr's Bilb hat bèrblèkkt,
Hat dèr Zipprius ſluggs ſich vèrzäubèrt gèfiilt,
Unb ès hat nèn wi Faaièr di Äubèrn durchwiilt,
Unb ès hat nèn wi Flamm ès Gèhiiren durchzèkkt.
Bis roffèr èn Halls
Hat ès Hèrrz nèn gèſchloogen;
Ä Saaifzèr wor Alls,
Wos èr hat gèkinnt ſoogen.

    Ober waails nèn durchzèkkt, unb waails nèn durchwiilt,
Sä ſiilt èr, ſä fiilt èr pomëëlich, unb fiilt,
Wi di Schuu ſich zèrbäin,
Wi di Èërmel zèrgäin
Unb aus Knèchcheln unb Schollbèrn nèn Fliigel untſprènng.
Unb itzt ſchwèllt nèn di Brosst,
Unb dèr zittèrt vor Losst,
Èn di Lèfft ſich zu ſchwènng.

    Unb jètzt nimmb ès Jènngèrchen
Mèt di räiſlijen Fènngèrchen
Èn Zäubèr=Spiigel,
Unb lèfft di Fliigel

Und fliggt aus der Zell
Und rifft himmlisch=hell:
„Mir änäu! mir änäu!
„Durch's himmlische Bläu!"

Und hochch en der Lennken
Lesst's en Spiigel nen wennken,
Und änäu en Spiigel,
En Jenngerchen änäu,
Rauschen Zipprius Fliigel
Durch's himmlische Bläu,
Iber Trefften und Fellber,
Iber Wässer und Wällber,
Iber Beerg, iber Tool,
En Sonneftrool,
Immer farrt, immer farrt,
Bis ä Fellsenkranz ftarrt,
Und der Spiigel zerflisst,
Und on Griinfäis Rannd
Nen es Maaidchen begrisst
Mebben Krannz en der Hannd,
Und es Äigelchen sennkt,
Und der Oorm nen emschlenngt,
Und Herrz on Herrz fliggt,
Und Goschsch on Goschsch liggt,
Und vor Säiligkait Heeren und Seen nen vergäit,
Und der Kopp sich nen dräit,
Und bi Fiss nen bermatten,

Und ëns Mäuss ſè ſënnken,
Und ën Fliigel=Schatten
Glëkkſäiligkeit trënnken.

Dèrwaail hält's Iënngèrchen
Di räiſlijen Fënngèrchen
Sich ſchëllmiſch vor bi Äigelchen
Und ſënngt wi ä Bäigelchen:
„Bubuu! Bubuu!“
Und ſìssè Ruu
Schlisst balld alln zwènn bi Äugen zuu.

Dann ſchlaaicht ſich's hëërè Iënngèrchen
Zu Zipprius ſain Häip
Und fëërt nèn mëbben Fënngèrchen
Von Wiirbel bis zur Zäib.
Und bi Fliigel ſain ſluggs wi wèggèhaaucht,
(Na waail èr doch itzt käinè Fliigel mäi braaucht)
Und wuu èr äitzt gèſchooren woor,
Quëllt wallndich Lokkenhoor äfoor,
Und, ſtotts bèr Minnchskutt, hänngt nèn, gräu
Und waaiss gèſträift, ëm Halls bi Pläu;
Kurz, äiben ſè noch auſen Träum ſain gefooren,
Ëss dèr Minnch bai bèr Schäifèrn zun Schäifèr gèwooren.

VIII. Petëëfisches Liidchen. 1.

Säil'jè Noocht! Ich saai më'n Lippstchen
Gannz älläin!
Èn kläin Gëërtchen plaaudr' ich mëtt nèn,
Poss mèrs schäin.
Härrch, wi's stëll ëss!
Hunndsgèbëll ëss
Nor zu hëër'n.
Hochch on Himmel
Lichcht Gèwimmel!
Lipplich fënnkeln Mäun und Stëër'n.

Mlaainèr Säil, ich mëcht ä schlëëchtèr
Stëëren sain!
Dènn on Himmel mëcht ich goor nëch
Gëëren sain.
's mëcht on Himmel
Nëch än Grimmel
Mèr gèfalln;
Zuu dèr mëcht ich
Komm allnëchtich,
Schäines Schätzchen, roopgèfalln!

Wien, 1863.
Verlag des Verfassers, zu haben bei Tendler u. Comp. (Karl Fromme)
Preis 20 Nkr.
Druck von Friedr. & Moritz Förster.

Fliegende Blätter in Zipſer Mundart.
VI.

Friſchſchbliindijèr und ſchäinrichchendijèr
Bëppsèrſchèr Liidèrpuſchſchen,

èn vèrfliķten Jonng und vèrſchëëmten Jonnkfèrn vor di Broßt gèſtochchen

von

Kènndnèrs Ëërnst von Käiſenmark.

Naaintè und zèëntè Bluum.

IX. Friijoors=Fraaiden.

Däu klaauben Kènndèr Pammſchen ſich
  Of Käiten und of Pëppèrchen;
Däu ſpilln ſich anndrè Pißkè und
  Däu Vallè und däu Knèppèrchen.

Dii klaauben flachchè Kiisléng und
  Schläun of dèr Bachch Pèttſchknäitèrchen;
Dii baaun èn Grooben Tämm von Drèkk,
  Dii fanng èn Sèmmpen Kräitèrchen.

Dii bräin ſich däu von Waaiden aaus
  Roorbläuſen, Faaifen, Foorzen;
Dii ſtrèllain däu mèt Dorembrèßt
  Of Taauben und èn Toortſchen.

Däu, wuust èn Räuch fiist, ëss 's Kafchoor;
Däu tfchèrrpain fè Schèntitzè.
„Jonng, fiibèrt aaich, bènn iibèrn Bëëg
„Kimmt fchunnt bi Fukkawitzè!"

Kaaum faain fè owwen hallben Wëëg,
Fänngt Räigen oon zu raffeln.
„Na, Jonng, haait kriggt bèr Riim zu tuun!
„Haait wëtt bi Schwoort aich praffeln!"

Doch's Wëëtèr, fluggs wi's ëss gèkumm,
Fluggs woor's äuch wèggèzäugen.
Di traaigen ën bèr Sonn bi Wäut
Unb fchaaun ën Räigenbäugen.

Di komm ähäim. 's Maaidèrchenvollk
Sètzt vor bèr Läib unb zwiirent,
Dèr Bootèr ëss ëns Fèllb gèganng,
Di guttè Muttèr kiirent.

X. Es Liidchen von Kiirfchenbäum.
Allemannfch.

Dèr liibè Gott zun Lènnzen fëëgt:
„Geh, beck dem Würmlein auch ben Tifch!" *
Dèr Kiirfchenbäum fluggs Blëëtèr trëëgt,
Vill taaufenb Blëëtèr griin unb frifch.

～ 27 ◎～

Unb's Würmchen wachcht ën Aaichen off
    Von Wënntèrschläifchen ën kläin Haaus;
Es strèkkt sich, unb spèrrt's Maailchen off,
    Unb raaibt sain muublich Äiglain aaus.

Dänn knaaibelts mëtt stëlln Zänndèlaain
    Blëëtchen off Blëëtchen giirich gäi,
Unb sëëgt: „Wi ëss bos Essen faain!
    „Män kimmt nëch wègg! Es schmèkkt näu mäi!"

Dèr liibè Gott bänn wiibèr sëëgt:
    „Deck jetzt bem Bienlein auch ben Tisch!" *
Dèr Kiirschenbäum fluggs Bliiten trëëgt,
    Bill taausenb Bliiten waais unb frisch.

Unb's Binnchen siit's unb summt bi äi
    Drof zuu ën Moorgensonnèschaain.
Es bènnkt: „Dos ëss jä maain Kawäi!
    „Wi ëss ès Porrzèlëën hi faain!"

„Wi schäin gèfläigt ëss ès Szèrwiss!"
    Rënntonnkts sain traaigès Zënngèlaain,
Unb trènnkt unb sëëgt: „Wi ëss bos fiss!
    „Dèr Zokkèr muss hii wollfel faain!"

Dèr liibè Gott zun Summèr sëëgt:
    „Geh, deck bem Spätzlein auch ben Tisch!" *
Dèr Kiirschenbäum fluggs Kiirschen trëëgt,
    Bill taausenb Kiirschen räut unb frisch.

Dèr Spèrrlèng sèègt: „Säu tuun sè's mäin?

„Dä graaiw ich zuu und fräug nèch lanng;

„Dos gètt mèr Kraft èn Marrch und Bäin

„Und stärrkt main Stèmm zu naain Gèsanng."

Dèr liibè Gott zun Hèrrbst dänn sèègt:

„Räum' ab, 's hat Jedes jetzt sein Theil!" *

Fluggs kiilè Lofft bi Fèllbèr sèègt,

Auch kläinè Raaif komm iib'r ä Waail.

Di Blèètèrchen, gèèl, räut, vèrkfimmt, **

Falln mèèlich, äins näun annbèrn, oop;

Dènn woos von Èèrdraich roffèr kimmt, **

Muss äuch zun Èèrdraich wiibèr roop.

Dèr liibè Gott zun Wènntèr sèègt:

„Deck hurtig zu, was übrig ist!"

Dèr Wènntèr fluggs droff Flokken sèègt.

---

* Dèr liibè Gott rèdbt nèch gräubbaaitsch, wi unsèräins, obbèr schäinbaaitsch, wi di Schrèfft, und wi dèr Hèrr Tfarrè off dèr Kannzel und vooren Alltoor.
** Stotts „vèrkfimmt — kimmt," kann man auch lèèsen: „vèrtraaigt — staaigt."

Donmèrrkungen von Lènnbnèrs Èèrnst.

Wien, 1863.
Verlag des Verfassers, zu haben bei Tendler u. Comp. (Karl Fromme)
Preis 10 Nkr.
Druck von Friedr. & Moriß Förster.

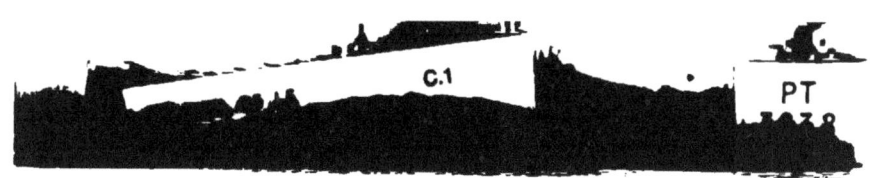

Fliegende Blätter in Zipfer Mundart.
VII.
Frifchfchbliindijèr und fchäinrichchendifèr

Bëppsèrfchèr Lüdèrpufchfchen.

èn vèrflizten Jonng und vèrfchèèmten Joankfèrn vor di Broèst gèftochchen

VON

Lènndnèrs Èèrnst von Kâifenmark.

Èllftè Bluum.

XI. Dèr jonngè Hèrr und 's Èèrpèr-Maaidchen.
Schmèttsèr Walld-Idill.

Wu gäist, main Kènnd, durch Walld und Grènnd
   Säu muttèrfäilnällâin?
„Zun Schmètts mèt Èèrpèrn, gnäidjèr Hèrr!
  „Nèmm Sè! Di faain fäu fchäin!"

Wist buu, main Schätzchen, fèllbèr bèsst.
   Wu fchittst fè mèr nor rènn?
„Èns Tichchelchen! — 's bèfchmiirt fich nifcht! —
  „'s èss kâin' zubrèkktè drènn."

Wèr wäiss, äib nèchch? — Ich räut bèr bèss.
   Komm, fèz bèr uns èns Mäuss,
Und fchitt fè èn dain Schiirzchen rènn,

„Es ess äuch woor! Kaum run ich aaus.
  „Ich saai schunt waait gègang. —
„Au, hii wëtt's gutt zu sëtzen saain!
  „Hii ëss ês Mäuss rëcht lanng."

Maibuschschchchen, mainèr oorem Säil,
  Hii sëtzt sich's nëchch sai=wii!
Hii wollt sich's schläufen ën dèr Hëtz!
  Nëchwoor, dann schläuf dèr hii?

„Aau! Schläufen ëss bai Toog ä Schannd!
  „Wènn mich äwëër mëcht sëën,
„Und mëcht's dèr Muttèr soogen gäin! —
  „Di mëcht mèr Schläufen gëën!"

Gäi, gäi, du Poopèrgëschschchchen, gäi!
  Wos wollt sè dèr nor gëën,
Wènnst miid bëst und ä bèsschen schläifst? —
  Und wëër wëtt hii dich sëën?

„Jaa! — und wèr wëtt bi Kriigel mèr
  „Gäin troogen zun Bèrkäuff?
„Und wëër wëtt Gèlld mèr gäin vèrbiin,
  „Wènn ich hi ligg und schläuff?"

Ês Gèlld, dos kannst dèr glaaich vèrbiin.
  Ich zool bi Ëërpèrn aaus,
Und zäubends brènngst sè mèr ëns Bood,
  Ëns kläinä räudè Haaus.

„Au guttchen, gnäidjèr jongèr Hèrr!
„Sä bann ich Jnèn fchäin!"
Na oobèr itzènd blaaibst dach hii?
Unb lèsst mich nēch älläin?

„Si fèrrten fchèrr fich hii älläin,
„Dass Jnèn äwoos fchrèkkt?"
N'unb wii? — Nèmm wègg, ich faai fchunt fatt.
Hèrrfchaftlich hats gèfchmèkkt!

„Itzt mussen Sè von Piischen fich
„'s Maaul lèkken lossen gäin!"
Dos Piischen musst bu fèllbèr fain;
Sä komm unb poss mich fchäin!

„Wos wëë ich Jnen possen gäin!
„— Si foogen's nor fäu gëëren —
„Ich oormès Maaibchen aufen Darrf
An fètten fchäin jonng Hëëren!"

N'unb wènn èr bich fëër gëëren hat,
Dèr fchäinè jonngè Hèrr?
„Wos kinnt èr oon mèr gëëren hoon,
„Au gäin Sè, gäin Sè mèrr!"

Allst muss män oon bèr gëëren hoon,
Du gollbich guttès Kènnb!
Na gèpp dos Gèfchfchchen, dass ich's poss!

„Au Gott! Si bräkken mich äsäu!
„Es ëss mèr schunnt säu häiss!
„Es gliit mèr tüiglich ès Gèsichcht,
„Es trëppelt mèr dèr Schwäiss!"

Sä tuu bèr dach dos Tichchel wègg,
Unb loss bèr läus ä Spanng!
Di äinbijen zwai Äppelchen,
Di saain hi säu bèbranng.

„Au gäin Sè! Wènn äwëër wollt konm!
„Hèrr Iäi, wi schëëm ich mich!
„Em Gottswëlln, nèmm Sè wègg di Hannb!
„Mir wërrb's säu kochchenbich!"

Wènn's kochcht, wëtts ballb zu èssen saain!
Ich bènnk, dos ëss bi Liib.
Schaau mèr ëns Aug, main Ènngelchen,
Unb soog, hasst mich äuch liib?

„Au Gott! — unb hoo ich Inen nëchch? —
„'s znsprènngt mèr schèrr bi Brosst! —
„'s ëss mèr säu annt! — unb dach säu gutt! —
„Ich mëcht vèrgäin var Losst!"

Wien, 1863.
Verlag des Verfassers, zu haben bei Tendler u. Comp. (Karl Fromme).
Preis 10 Nkr.

Druck von Friedr. & Moriz Förster.

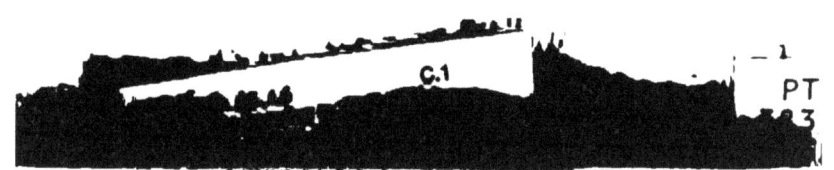

Fliegende Blätter in Zipser Mundart.

VIII.

Frischfchbliindijèr und fchäinrichchendijèr

Bëppsèrfchèr Liidèrpufchfchen,

ën äignèn Gëërtchen oopgëfiëllt,
villtaaufendmäul ons Hèrrz gèbrëfft,
fltffäigelndich noch oongèblëfft,
dann ën bt llibè Zëpps gèfchëfft

von

Fénndnèrs Ëërnst von Käifenmark.

Zwëllftè, braaizèntè und viirzëntè Bluum.

XII. Dèr Gèbiirgsjongg ën dèr Frëmmd.

Schottifch.

Main Hèrrz ës ën Zëppsen,
    Main Hèrrz ës nëch hii!
Main Hèrrz ës ën Zëppsen
    Bain fpillndijen Bii,
Bain fpillndijen Bii,
    Bai di fprënngdijen Räi,
Main Hèrrz ës ën Zëppsen,
    Wu immèr ich gäi.

Abjëë, du main Zëppsen,
    Abjëë, du main Häim,
Wu Krafft noch zu fënnden,
    Wu Traai noch bèrhäim!
Wuhinn ich äuch wanndèr,
    Wuhinn ich äuch zii,
Dich, zëppsèrschès Länndchen,
    Vèrgèss ich doch nii!

Abjëë, ir bläun Spëtzen
    Mèt äiwijen Schnäi!
Abjëë, ir griin Tëëlèr,
    Ir fënnklijen Säi!
Ir Wassèrfäll äuch und
    Ir Wälldèr, abjëë!
Wèr wäiss äib ich äinmäul
    Noch wiidèr aich fëë.

Main Hèrrz ès èn Zëppsen,
    Main Hèrrz ès nèch hii;
Main Hèrrz ès èn Zëppsen,
    Bain spillbijen Bii,
Bain spillndijen Bii,
    Bai bi sprënngbijen Räi;
Main Hèrrz ès èn Zëppsen,
    Wu immèr ich gäi.

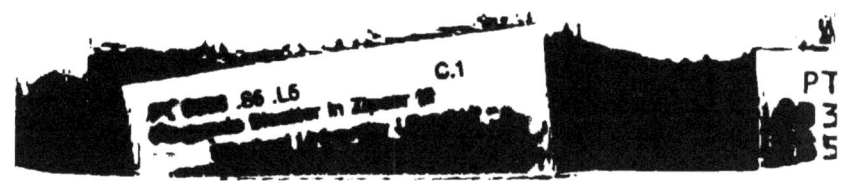

~G 35 G~

XIII. Di Zalldootens=Braaut.

Ën Lènnzen, Lènnzen schläift sich's gutt
　　Ën griin griin Walld bèrtënn,
Wènn buurch di Ässt di Sonnè schaaint
　　Unb schäin bi Bäigel sënng!

Ën Summèr, Summèr schläift sich's gutt
　　Ën bliinbijen Gètraaib,
Wènn woormèr Wènnb ën Ëërchen summt
　　Unb Mäun unb Stëëren schaaint.

Ën Hèrrbst, ën Hèrrbst, bä schläift sich's gutt
　　Ën Grummèt owwen Schoppen,
Wènn braaussen, braaussen prasseln tuun
　　Offs Dachch di Räigen=Troppen.

Ën Wènntèr, Wènntèr schläift sich's gutt
　　Ën Fëëbèrbètt bèrtënnt,
Wènn's bèrrè Hollz ën Änben krachcht
　　Unb braaussen haailt bèr Wènnb.

Doch all bos Guttè nëtzt mèr nischscht,
　　Wènn ich main Schatz nëch hoob;
Ich graain bai Toog, ich graain bai Noocht,
　　Main Schatz, bèr ëss Zalldoot.

Em allèrbèsßten schläift sich's dach
On Schätzchens, Schätzchens Saait;
Unb wèèr's off harrtèr, kallbèr Èèrd,
Es wèer main grèssßtè Säiligkait.

XIV. Pètèèfisches Liibchen. 2.

Mèlobii: Ez a vilàg a milyen nagy.

Moog bi Wèllt äuch nochch säu gruus saain,
Nochch säu kläin, main Taaibchen, buu saain:
Mèchchst nor maains mèt Laaib unb Säil saain,
Wollst mèr vor bi Wèllt nèch fäil saain. —

Duu bèsßt Toog, dèr hèllè lichchtè,
Ich sai Noocht, bi tonnklè tichchtè;
Wollt bèr uns äinn, woos for ä schäin
Moorgenräut mècht oon mèr offgäin! —

Schaau nèch off mèr! schläu's Äug niibèr!
Sonnst main oormè Säil vèrbriit mèr! —
Ä! bu hasßt mich säu nèch gèèren:
Moog bèr Flamm main Säil vèrzèèren! —

Wien, 1863.
Verlag bes Verfassers, zu haben bei Tenbler u. Comp. (Karl Fromme).
Preis 10 Nkr.
Druck von Friedr. & Moritz Förster.

Fliegende Blätter in Zipser Mundart.
IX.
Frischschbliindijèr und schäinrichchendijèr
Zèppserschèr Lüdèrpuschschen,
in vèrflitzten Jonng und vèrschèèmten Jonnkfèrn vor di Broost gèstochchen

von

Sènndnèrs Eèrnst von Käisenmark.

Fuffzèntè bis achtzèntè Bluum.

XV. Nowèmbèrliidchen.

Schaau, wi mèr di Lèpp zuspronng fain,
    Waailst mich frii nèch hasst gèposst,
Waailst mich èn dèn kallden Wènnd hasst
    Donè Gèschschchen gäin gèlosst! —

Wènnst mèr äinmäul nor di Goschsch gèsst,
    Kimmt èn mich ä sèttèr Flammi,
Dass mèr äuch dèr allèrèèrgstè
    Wènntèrwènnd nèch schooden kann.

Dobèr itzt èss 's Lèpp zuspronng mèr,
    Waailst mich frii nèch hasst gèposst,
Waailst mich èn dèn kallden Wènnd hasst
    Donè Gèschschchen gäin gèlosst.

Wailst mèr allso hasst vèruursacht
Mèt dèën Gèschschchen sèttè Quäul,
Komm und schaau, dasst's wiibèr gutt mächdst,
Komm und poss mich taausendmäul!

XVI. Jëënèrliibchen.

Dèrtaaussen slèttèrt Grètzchen,
Di Poppèr ëss gèfrooren;
Dèrtënn ën Schätzchens Stiibchen
Wi ëss bos prächchtich woorem!

Dèrtaaussen graain bi Wëëgen,
Und änngstich kraan bi Kräun;
Ën Schätzchens Stiibchen tschallts aich,
Wi laautèr Lèrrchen=Däun.

Dèr Däun, dèr kimmt von Gèschschchen,
Dos bliit säu räut wi Bäun,
Di Schmätzèrcheu di schmèkten
Wi Zokkèr und Ziträun.

Ën Wënntèr bliit käin Bluum nëch,
Käin Appel ëss on Bäum;
Dèrtënn hii kimmt dèr Wënntèr
Mèr voor als wii ä Träum.

Zwai Räusen sëë ich räiseln
 Ën Schätzchens schäin Gësichcht;
Zwai himmelbäuè Äugen
 Bliin wi Bèrgissmainnicht.

Zwai Äppelchen libäigeln
 Aus Lippstchens Laaibelchen;
Graaiw ich bèrnäu, sä gëtts mèr
 Än Klättsch, dos Taaibelchen!

XVII. Märrzenliidchen.

Ich akkèr hii, ich akkèr,
 Mët maainè Ëkksèrchënn;
Ës Ëèrbraaich ëss gèfrooren,
 Ës Aaisen gäit nëch ënn.

Ich akkèr hii, ich akkèr,
 Unb 's bläist bach dèr Pokook,
Unb 's pëttscht bach on bi Fënngèr,
 Dass ich aich goor nëch soog.

Mëcht nor main Maaidchen raauskommi,
 Fluggs wëër ës Wëëtèr këll,
Fluggs wëër main Bimmbè stärrkèr,
 Fluggs wëër dèr Bäuben mëll.

Main wunndèrschäinès Schätzchen,
   Wènn boos dèr Wènntèr siit,
Fluggs zäuft èr: dènn 's bèbuchcht nèn,
   's Friijoor kimmt oongèbliit.

XVIII. Pètèèfischès Liibchen. 3.

Mèlodii: Nem nézek én, minck néznék? az égre.

Näin ich schaau nèch — na zu woos? — èn Himmel rènn.
Ich schaau èn main Schätzchens bläuè Augen rènn.
Èn main Schatz's bläun Augen èss main Himmelsbläu;
's blitzt säu häiss mich hèllèr Sonnschain oon von bäu.

Ich mècht jä dii Wèllb ämäul nèch wèlln, fèrwoor!
Wènn nèch wèèr main Schätzchens bläuès Augenpoor.
Doos ès nochch ès äinziè Schäinè off dèèr Wèllt,
Off dèèr graailijen, off dèèr abschaail'jen Wèllt!

Schaaut nèch èn main Schätzchens bläuè Augen, Jonng!
Dènn ir brènngt dèrmètt mich èn Vèrzwaaiwèlonng.
Aaiwèrsichchtich, aaiwèrsichchtich hitt ich maain
Kläinäub, — di allnschènnsten zwaai bläun Aigèlaain.

Wien, 1863.
Verlag des Verfassers, zu haben bei Tendler u. Comp. (Karl Fromme).
Preis 10 Nkr.
Druck von Friedr. & Moritz Förster.

Fliegende Blätter in Zipfer Mundart.
X.

Frifch{chbliindijèr und {chäinrich{cheudijèr
Bëppsèrfchèr Liidèrpufch{chen,

èn vèrflitzten Jonng und vèrfchèëmten Jonnkfèrn vor bi Brøøst gèstochchen

von

Lenndnèrs Ëërnst von Käifenmark.

Naainzëntè bis zwaainzwannzichètè Bluum.

XIX. Bèstèllung.

Main Hèrrzchen, main Gëfchfchchen, main äindijè Fraaib,
Wu fëë bèr, wu poss bèr, wu broff bèr uns haait?
Ës fchaaint jä bèr Mäun bis ëm Mëttèrnoochts-Zaait,
Main Schätzchen, main Taaibchen, au komm ëns Gëtraaib!

Bir fètzen uns niibèr ëns bliindijè Kooren,
Und tuun uns ëmoorem fäu traai und fäu woorem.
Ach Himmel, ach Himmel, wi hoo bèr uns gëëren!
Und wènn bèr uns possen, wër wëtt's uns vèrwëëren?

Ës blaaibt jä bain Possen, bain Possen älläin;
Bir faain wi bi Ënngel unfchëllbich und räin.
Dèr Mäun und bi Stëëren ën himmlifchèr Ruu
Schaun fèllbèr mët Fraaiden, mët Fraaiden uns zuu.

XX. Hèrrz ēm Hèrrz.

Dain' Rènngelhoor, dain Räusengofchfch,
 Dain Bläu=Aug, dos fäu blitzt,
Di hoon èn èrrfchten Augensblèkk
 Main Hèrrz mèr wèggftibitzt. —

Du gäist vèrbaai, mir gètts än Tipp:
 Hèrr Jäi, wos ēss mèt miir?
Ich fchaau, — main Hèrrz, main Hèrrz ēs wègg!
 Duu hasts gènumm mèt biir! —

Ich faai nèch bäiss: wènn bèrs gèfällt,
 Sä hallt bèrs, hallt bèrs noor;
Doch oone Hèrrz kann ich nèch faain,
 Sä gèpp mèr baains bèrfoor!

Wos mèchst äuch mèt zwaai Hèrrzen tuun?
 Du hasst nèch broon gèboocht.
Ains titt nèch gutt, unb zwaaiè èrrfcht!
 Hässt Truubel Toog unb Noocht.

Dromm, wènn dèr maains fäu gutt gèfällt,
 Sä hallts, fä hallts dèr noor;
Doch oonè Hèrrz kann ich nèch faain,
 Sä gèpp mèr baains bèrfoor!

Dain' Rènngelhoor, dain' Räuſenwanng,
   Dain Bläu=Aug, bos ſäu blißt,
Di hoon èn è rſchten Augensblèkk
   Main Hèrrz mèr wèggſtibißt.

Ich ſaai nèch bäiss: wènn dèr's gèfällt,
   Sä hallts bèr, hallts bèr noor!
Doch ich kann oonè Hèrrz nèch ſaain,
   Sä gèpp mèr baains bèrſoor!

XXI. Unndèrn Stäisschen.

Unndèrn Stäisschen, unndèrn Stäuss,
   Jibèrn Wassèr driiben,
Èss ä Plätzchen griinès Mäuss,
   Däu èss gutt zu liigen.

Unndèrn Stäisschen, unndèrn Stäuss,
   Oww än griin Hiibelchen,
Gäib ä Maaidchen, wii ä Räuss,
   Klaaubt ſich gèèlè Bliimèrchen.

Do du Maaidchen, wii ä Räuss,
   Komm offs griinè Plätzchen,
Komm und ſèß dich off main Schäuss,
   Saai main liibès Schätzchen!

XXII. Pètëëfiſches Liidchen. 4.

Mélodii: Rég elhúzták az estoli harangot.

Lanng ſchunt hoon ſè aauºgèlaauben 's Noochtgèlaait.
Wëër ëſſ booº, dèr rëmm noch ſchlänkelt ën bii Zaait?
Ich nor gäi ën Darrf noch rëmmèr, ich äüäin;
Schläuf gäi ich mèr ſuchchen, oobèr fënnb mèr käin.

's ſchaaint dèr Mäun hèü, unb ſäu fënnklich ſchaain bi Stëër'n,
Als wènn's laautèr ſchäinè Maaibchen=Augen wëër'n.
Bäim unb Haaiſèr ſchmaaiſſen Schatten, ſchwarrz unb lanng;
Wëſſen ſonnſt auº Lanngèrwaail niſcht oonzuſanng.

Däu ëº ä Haauº, — off ſain Dachch ä Starrchelnpoor;
Unnten ä Poor Laait ën Tiirchen nëëben Toor . . .
Jonng unb Maaibchen — 's Maaibchen ſchwarzbraaun —
blonnb dèr Jonng;
Mët dèr Guuten hält èr's Maaibchen ſchäin ënſchlonng.

Di hoon nëch ämäul bèmèrrkt mich, wii ich baain'n
Saai vèrbaaiganng. — Gott! wi gutt muſſ ëº nèn ſaain!
Ich bènaaib ſè nëch, doch liibèr wëërº mèr ſëër,
Wènn boº braaunè Maaibchen ën maain Dorem wëër.

Wien, 1863.
Verlag des Verfaſſers, zu haben bei Tenbler u. Comp. (Karl Fromme).
Preiſ 10 Nkr.

Druck von Friedr. & Morit Förſter.

Fliegende Blätter in Zipser Mundart.
XI.

Frischschbliindijèr und schäinrichchendijèr

Bëppsèrschèr Liidèrpuschschen,

èn vèrflihten Sonng und vèrschèëmten Sonnkèrn vor di Brosst gèflochchen

von

Kènndnèrs Ëërnst von Käifenmark.

Draaiunzwannzichstè bis fèrlsunzwannnzichstè Bluum.

XXIII. Laain und Räusen.

Au gäi doch ën Goorten, Hèrzlippstèr maain,
Gäi hitt mèr, gäi hitt mèr main himmelbläun Laain!
Dènn ich fèrrt mich fäu fëër, dènn ich fèrrt mich fäu fëër,
Dass, wènnst dä nëch gäist, ës zutritt nèn äwëër.

„Main Hèrrzchen, dèr himmelbläustè Laain,
„Dos faain bainè himmelbläun Äigèlaain,
„Und ich fèrrt mich fäu fëër, und ich fèrrt mich fäu fëër,
„Dass, wènn ich mich riir, ës vèrsiirt sè äwëër."

Au gäi doch ën Goorten, Hèrzlippstèr maain,
Gäi hitt mèr main' räuden Räisèlaain!
Dènn ich fèrrt mich fäu fëër, dènn ich fèrrt mich fäu fëër,
Dass, wènnst dä nëch gäist, ës bèslëfft sè äwëër.

„Di rèttòtcn zwai Mäuſen, main Èuugelchen,
„Sain daainè zwai raiſlijen Wänngelchen,
„Unb ich ſèrrt mich ſäu ſèer, unb ich ſèrrt mich ſäu ſèer,
„Daßß, roènn ich mich riir, èß bènäſchſcht ſè ärvèer."

XXIV. Dèr vèrliibtè Paanèrèjonng.

Ich hoo mich vèrſchaaut èn zwai ſènnklijè Stèèren,
  Èn Stootmaidchenß ſènnklijè Augen,
Di hoon mèr gèſoogt, bi hoon mich gèèren,
  Unb hoon mich, unb hoon mich bèträugen.

Èß hat mich vèrbrosßen Toog unb Noocht,
  Èß hat mèr èß Hèrrz ſchir zèrfrèsßen;
Ranng hoo ich mèt Schmèrrzen broon gèboocht,
  Unb ènnblich hoo ich'ß vèrgèsßen.

Hènnt, roènn bèr orvoen Joormarf gäin,
  Hènnt ſèe ich'ß Maaibchen roiibèr.
Wi èsß èß boch hèèr! roii èsß èß boch ſchäin!
  Wi zèkkt'ß mèr burch allè Gliidèr!

Èß Wänngelchen räiſelt, èß Äigelchen lachcht,
  Di gollbijen Rèkkelchen fliigen.
Main Hèrrz, gèbb Achcht, main Hèrrz, gèbb Achcht,
  Nèch loßß bich noch äinmäul bètriigen!

XXV. Pètēēſiſchès Liïdchen. 5.

Mèlobiï: A virágnak megtiltani nem lehet.

'ß ēß nêch miïglich zu vèrbitten, daß ä Bluum
Nêch dèrbliïn ſoll, wènn dèr ſchäinè Lènnz titt kumm.
'ß Maaibchen ēß ä Lènnz, bi Liïb, bi ēß ä Bluum,
Wènn dèr Lènnz kimmt, muß ſè bliïn, woß ſoll ſè tuuu?

Hèrrzèß Kènnb, ich hoo dèrblêfft bich, hoo bich liïb!
Èn bain ſchäinèß Sǟilchen hoo ich mich vèrliïbt;
Èn boß Säilchen, booß ſäu lipplich lächchelt ên
Zäubèrſpiïgel von bi zwaai bläun Äigelchēn. —

Ä gèhäimè Fräug dèrhäibt ên Hèrrz mèr ſich:
Haſt än Annbèrn liïb, main Maaibluum, obèr mich?
Èn mèr joogen ſich bi zwaai Gèbannken ſäu,
Wiï ên Hèrrbſt ä Wollk dèr Sonnè jēēgt änäu.

Wènn ich wēßt, baß omm än Annbèrnß Poßchen woort,
Daainèr Fäin=Wanng mêll'chēmfloßnèß Räiſlain zoort:
Do bann wollt ich wannbèrn ên bi Wêllt ſäu waait,
Dobèr mēcht ich läigen mich ên Täut uoch haait.

Fênnkel off mèr, Stēēren maainèr Säiligkaait!
Daß main Lēēben nêch ſoll Noocht ſain oonè Fraaib.
Hoo mich gēēren, wènnſt bä kannſt, main Hèrz=Juwäil,
Daß dèr liïbè Gott ſoll ſäigen bainè Säil!

XXVI. Pĕtĕĕfĭſchĕs Liidchĕn. 6.

Mĕlodii: Ereszkedik le a felhö.

Ĕs Gĕwĕ̆lf lĕ̆ßt ſich bĕrniidĕr,
Of di Bäim raauſcht Hĕrrbſtgĕſiidĕr,
's raauſchen roop von Bäim di Blĕ̆ĕtĕr,
Noochtigall ſĕnngt troß bĕ̆ĕn Wĕ̆ĕ̆tĕr.

Ĕs ĕ̆ss ſpäit ſchunt, ĕ̆llbĕ̆ ſchläit's ſchunt,
Du main ſchwarrzbraann Schäßchen, ſchläifſt ſchunt?
Schläifſt ſchunt, hĕ̆ĕ̆rſt di Noochtigall nĕ̆ch?
Hĕ̆ĕ̆rſt bĕn kloogenbijen Tſchall nĕ̆ch?

's plĕ̆ĕ̆bĕrt wii mĕt Schĕ̆ffeln niidĕr,
Noochtigall ſĕnngt Liib of Liidĕr.
Wĕ̆ĕr bä hĕ̆ĕrt bos Sĕnng väul Schmĕrrzen,
Muss ä Mĕttläib ſiiln ĕn Hĕrrzen.

Wĕnnſt nĕ̆ch zuuhaſt bainĕ̆ Ĕ̆iglaain,
Härrch boch, wos bä ſĕnngt bos Bäiglaain!
Mainĕ̆ Liib ĕ̆ss jä bos Bäiglain,
's ĕ̆ss bi aauꝛgĕſaaifztĕ̆ Säil maain.

Wien, 1863.

Verlag des Verfaſſers, zu haben bei Teubler u. Comp. (Karl Fromme).

Preis 10 Nkr.

Truck von Friebr. & Moriß Förſter.

Fliegende Blätter in Zipſer Mundart.
XII.
Friſchſchbliindijèr und ſchäinrichchendijèr
Bëppsèrſchèr Liidèrpuſchſchen,
ìn vèrflitzten Jonng und vèrſchᵉᵉmten Jonnkſèrn vor di Brosst gᵉstochchen
von
Lᵉnndnᵉrs Eᵉrnst von Käiſenmark.
Siibunzwannjichstᵉ bis braaissichstᵉ Bluum.

XXVII. Bain Waain.

Main Schätzchen ᵉss ſchlannk
Wi di Waainstokks=Rannk,
 Dèr Waain und main Schätzchen ſoll lᵉᵉben!

Zoort Schätzchens Gᵉmiit
Wi di Waainstokks=Bliit,
 Dèr Waain und main Schätzchen ſoll lᵉᵉben!

Main Schätzchens Kiss
Wi di Waaintrauben ſiss,
 Dèr Waain und main Schätzchen ſoll lᵉᵉben!

En main Schätzchens Brosst
Girrt di Liib wi dèr Mosst,

Dèr Mosst ëss triib,
's hat än Annbèrn liib,
   Doch bèr Waain unb main Schätzchen soll lëëben!

Dèr Mosst wërb Waain,
Sainè Liib wërb maain,
   Dèr Waain unb main Schätzchen soll lëëben!

Ën Waain schwëmmt ä Pèrrlchen,
Unb ich sai ä Kèrrlchen,
   Dèr Waain unb main Schätzchen soll lëëben!

Ich schwëmm ën bèr Liib,
Unb itzt hoo ich än Hiib,
   Dèr Waain unb main Schätzchen soll lëëben,
   Unb ich unb ir allè bèrnëëben!

XXVIII. Ou ä zoort Maidnschschchen.

Maaidchen, dich hat nëch ä Muttèr gèbooren!
   Bësst aus är Bluum schir entspronng, wi ä Fäi?
Gollbijès Maaidchen, ich mëchcht dich ëmoorem,
   Obbèr zèrbrëkk ich bich nëchch säu wi Schnäi?
Wènn ich bich poss mët main gliinbijen Lèppen,
   Wèllèrn bi Räusen nëch wègg von bain Wanng?
Maaidchen, ich zäim mich nëch, bich zu ëmoorem,
   Noch bich zu possen, säu sëër ich's vèrlanng.

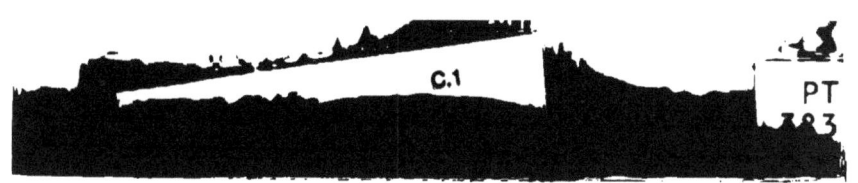

XXIX. Pètëëfiſchès Liidchen. 7.

Mèlodii: Rég verl màr a magyart a teremtö.

Lanng ſchunt ſchläit bèr liibè Gott ès Unngèrs=Vollk,
's wäiss äuch niſcht, wi's mètt nèn ſaain wètt ën bèr Follg.
Wètt ſain Stëëren wiibèr ſtaaigen ën bi Hëchch?
Soll ſich's fraain gäin? ſoll ſich's gräim? ès wäiss ès nëchch.

Doch wènn Gott äuch Gräum hat gëën bëër Natziäun,
Hatt èr gëën mèt woos ën Gräum äuch täutzuſchläun.
Wuu ſain ſchäinè Maaidèrchën unb guttè Waain
Sovvil alls ën unnſèrn liiben Unngèrn ſaain?

Hëër ä Maaidchen, hëër ä ſchäins, on mainè Brosst,
Dass ich's oon mèr brëkk mèt alln zwènn Dorn väul Losst!
Dass ich mètt main Poss ſain ſissè Säil auszii,
Quitt mich machch mèt allèr mainèr pèttèrn Mii.

Unb bèr Waain? häi! hëër boch ènnblich mètt bëën Waain!
's Gloos ſoll ſaainè räuben Zëëren ënn mich graain!
Saainè räuben Zëëren briin wi Blitzens=Flamm,
Auch 's bèrloſchſchnè Lëëben tuun ſè nochch untflamm.

Duu, Zigoon, dän obbèr gaaig! du wäisst, ich zool.
Obbèr ſäu gaaig, dass ès Hèrrz zèrſprèung mèr ſoll!
's ſoll zèrſprèung ën ſaainèr Losst, ën ſaainèr Quäul . . . .
Säu fraait ſich bèr Unngèr, — bos ëss ſäu ämäul!

XXX. Liibenstronnkenhait.

Bassama, Maaidchen, wi hoo ich dich gëëren!
 Bassama, Maaidchen, wi bësst bu äuch schäin!
Wènn di vèrdonnèrten Laait nor nëch wëëren,
 Wènn sè boch wollten uns lossen älläin!

Mannchtèsmäul kann ich mich kaaum schunt unthallden,
 Daß ich bèr nëchch ën di Dorem tu sliigen.
Holl sè bèr Taaibel, bi wos sè mich hallden,
 Daß ich nëch bärrf on bain Hèrrzchen mich schmiig·n!

Häbb ich ä Zaaubèrrutt ißt ën bèr Hannd,
 Du main gollbijès Ènngelchen maain,
Fluggst mèchten sè slättèrn ëns Fèssèrlannd,
 Di Laait, wos sè ëmm uns saain.

Unb ich unb buu, mainè äinbijè Losst,
 Nor biir mèchten blaaiben älläin.
Dänn mëcht ich dich prèssen on maainè Brosst
 Unb vor Fraaiden, vor Fraaiden vèrgäin!

Wien, 1863.
Verlag des Verfassers, zu haben bei Teubler u. Comp. (Karl Fromme).
Preis 10 Nkr.
Druck von Friedr. & Moritz Förster.

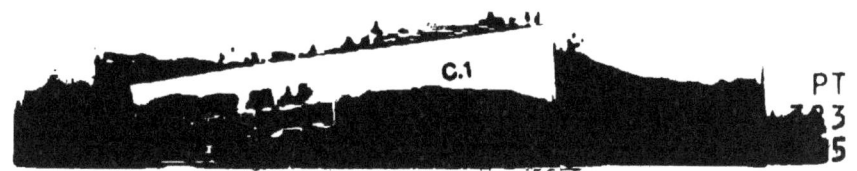

PT
283
5

Fliegende Blätter in Zipser Mundart.

XIII.

Frischschbliindijèr und schäinrichchendijèr

Bëppsèrschèr Liidèrpuschschen,

èn vèrflitzten Jonng und vèrschèèmten Jonnkfèrn vor bi Brosst gèstochchen

von

Sènndnèrs Eèrnst von Kùisenmark.

Kinunbraaissichstè und zwaaiunbraaissichstè Bluum.

XXXI. Jnfèrmaatèrs Fraaistunden.

I. Ès Gètschoofèr bai dèr Tschurr.

Au juichen, näin, wèr hält mèr zuu main Augen? —
Hèrr Jnfèrmaatèr! „Wist bè 's gutt bèrräitst!“
Saain Sè itzt ganng kumm obèr kumm gèfläugen?
Si wooren jä on Fènnstèr bach èrscht äitzt!

„Itzt ganng, boch kumm ich villmäul äuch gèfläugen.
„Main Hèrz spräit mächt'jè, mächt'jè Fliigel aaus
„Anb trèègt mich, unsichtboor alln Mènntschenäugen,
„Wust buu bèst, — z'aaich èn Goorten, z'aaich èns Haaus.

„Jch flättèr èmm bich, wènnst bè 's Piischen puushelst,
„Wènnst b' bainè Rosmariièstèkk bègisst,
„Wènnst b' Nochbèrs Hänschen owwen Händen huushelst,
Donlächchelst, of 's bèrotztè Gèfschschchen kisst;

„Ich flättèr èmm dich, wènnst d' bèr Muttèrs Lèëren
„Stëll zäubends härrchst, èr aus dèr Biibel liist,
„Wènnst d' bain Gèbëët rofſchèll'st zu Gobb èn Hèëren,
„Anb wènnst d' bèr 's Bèttſitt ibèrs Nèëschen ziist."

Fèrwoor, ſäu èss mèrs villmäul voorgèkumm ſchunt.
Ès woor, als hätt's mich wachſchenbich gèträimt.
Ich hoo mèr äuch zu fraugen voorgènumm ſchunt:
,Sain Sii?' — dänn hoo ich bachſch mich nèch gèzäimt.

„Säu èss ès. Ich kènn all bain Tuun anb Dènnken;
„Ich ſaai bai biir, äuch wènnst d' mich nèchſch dèrkull'st.
„Anb mèchst dèrträutzen äuch, wof ichſch tuu bènnken?"
Ranb näin! — „Ich ſoog bèr hènnb äwoos." — Au ſluggst! —

„Èrſcht trènk bèr!" Ich èrſcht! „Wèër ich itzt bos Schnèppchen!
„Dos Wassèr zittèrt rèëcht vor Wäullost itzt,
„Lipplich durchſaaièrt von bèn Faaièrlèppchen,
„Lipplich von bèn Blitzäigelchen durchblitzt! —

„Na ſchunt! — Dos ſchmèkkt jä itzènb wi Tokaaièr,
„Wi ſtarrkèr Häunijenbrauntwain oww är Hochſchz!
„'s durchluubèrt mich ä ſètt ſissuſchſchich Faaièr!
„Main Hèrz, wi prèëgelt ſich's, main Blutt, wi kochſchts!

„Wènn ich mich èrſcht on's Lèppchen ſèlbèr traaun wollt!
„Ich mäin, ich misst mèr tiiglich 's Maaul vèrbriin,
„Anb wènn ich mètt dèr Katzenäugen ſchaaun wollt,
„Ich misst als Blènntſchèbakkè waaitèr ziin!

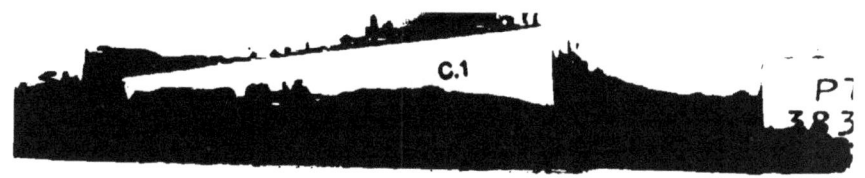

„Wènnst b'fètts kannst zäubèrn mët dain Aug, dain Lèppchen,
„Wos tist nèch zäubèrn fluggs ä väulè Tonn?
„Kannst's fchèrr nar ën bèn Kriggchen mèbben Schnèppchen?
„Dromm kimmst bèrmëtt fäu flaaisslich zu bèn Bronn!"

Si machchen mëtt mèr farrt Gèfpaas. — Nä gëën Sè
Dos Kriggchen hëër, ich wëës mèr wiibèr fëlln! —
Ich bènnk, Si wëlln mèr äwoos foogen? — Sëën Sè?
Vèrgèssen hoon Sè, wos Sè foogen wëlly.

„Von Wëëtèr fchèrr. Fèrwoor, 'f ëss hèrrlich Wëëtèr!
„Dèr Himmel, wi dain' Äiglain, wunbèrbläu,
„Droon ziin, wi Gollb, wi Räufen=, Lillijenblëëtèr,
„Lichchtè Gèwëllèrchen bèr Sonn änäu,

„Als hätt dain Lillijenhälschen, Räufenwännglain,
„'s gollbhoorëmflättèrtè, fich roffgèfchwonng,
„Als häbb ä lichchtè Schoor von liiben Ènnglain,
„Dobfchibb zu nèmm, di liibè Sonn ëmronng.

„Dèr oorem Sonn fchwëllt's Aug, bi titt flëffäigeln,
„Wail fè muss wèggäin von bèr Himmelswonn, —
„Wi ichch von biir ißt. — Wësst mèr näulibäigeln,
„Räuräifeln, wi 's Gèwëllelchen bèr Sonn?"

Ich härrch Inèn fäu gëër'n, Hèrr Infèrmaatèr,
Wail Inèn 's Warrt fäu fchäin von Lèppen gäit,
Als wii ën Bichchèrn obbèr ën Tiaatèr,
Anb lanng noch fummt ën Sènn bi fissè Räib.

Hèrr Jäifus, näin, ich ſtäi ä ſèttè Lännk hii,
Als häbb ich nëch än Bliit zu tuun bèrhäim!
Sä Gott bèhitt Jnèn! Jch hoo bi Klènnk hii,
Main Muttèr kann nëch rènn, ich muss ſchunt gäin.

„Sä blaaib än Bliit! Kukk! Wi main Fènnstèr fènnkeln!
„Spilln boos bi Sonnèſtrooln ſäu ſènnklich broff?
„Èss hänng gèbliiben broon bain Augenſènnkeln?
„Di ſoogen goar, bu ſchaaust vèrſtäilnbich roff.

„Na, naa, bu braauchſt brom nëchch ſäu räut zu wèëren.
„Wènn's woor èss, fraait's mich. 's èss jä bach käin Sènnb,
„Anb's häiſt, bast b''s brom tiſt, bènn bu haſt mich gèëren!
„Schläiſt's Äiglain niibèr? Èss ès woor, main Kènnb?

„Na ſchaau, ich wäiss jä boos ſchunt ſaaiben Èëren;
„Dain Tuun hat taauſenbmäul vèıräuben bich.
„Dach mëcht ich's äuch von bèn ſchäin Gèſchſchchen hèëren.
„Tſchèſchſchpèrs mèr ſtèll èns Dor! hasst gèëren mich? —

„Gèb's Hänbchen! Schaau! ich hoo jä äuch bich gèëren!
„Du Närrchen, wèsst bich bach nëch ſchèëm ſolln gäin!
„Ès Gèërenhoon kimmt jä von Gobb èn Hèëren!
„Sä hasst èn Èërnst mich gèëren? Soog's mèr ſchäin!

„,Jaa!' haaucht bos ſchäinè, zittèrnbijè Schnitzchen.
„Dèër Haauch bärf nëchch vèrflättèrn èn bi Lofft.
„Jch poss nèn oob. — 's burchblitzt mich wi ä Blitzchen,
„'s burchäibent mich wi Lènnzenbliitenbofft!

-⊚ 57 ⊚-

„Schaau, wi bèr bliin! Alst ëmmèrënng bliit räiflich!
„Ëf ëff, als wëër bèr ën är annbèrn Wëlt,
„Ën Himmel, wuu uns Ënngelschooren läiflich
„Ëmҙiin, bèr Hèrr uns ftëll on Hèrҙen hält. —

„Wos zittèrst ën main Dor'm, main waaissès Taaibchen?
„Ich faai käin Oablèr, bëër dich pëkken wëll.
„Wos zittèrst, schlannkès Roor, on gannҙen Laaibchen?
„Ich faai käin Stuurem, bëër dich knëkken wëll.—

„Loss mich ämäul noch 's liibè Gëschfchchen possen!
„Loss mich's, main äinbijèr Karfunnkelftäin! —
„Di Augenliibèr musst nëch rooperlossen!
„Loff off mèr strooln bi Sonnèrchen, bi fchäin! —

„Säu lächcht bèr Himmel, wènn 's gollbbraaunè Binnchen
„On frifchfchbèrbliiten Räusenknëspchen hänngt,
„Wi iҙt on baain frifchfch Räusenknospenkinnchen
„Main bëërtich Kinn als buurftjè Binn fich drännngt.

„Dëër Binn ir Stachchel ëff ä Bonng, ä fpëtz'jè.
„Dach wäisst, fain Räischen ftëchcht ès Binnchen nëchch!
„Di's Räischen plënndèru wëlln, Kujäun nifchtnëtz'jè,
„Di 's Binnchen raaiҙen, — bii nar fiiln fain Stëchch.

„Auch's Räufenftëkkchen, dènnk ich, hat fain Dëërnchen;
„'s ftëchcht, bi's mët Ruu nëch lossen, këkkè Laait,
„And rëttèr flamm fain Räislain dänn ën Zëërnchen: —
„Vors Binnchen ëss ès bäul von Sissigkaait! —

„O Gott! ä Gloos väul pèttrèr, griinèr G a l l ëss
„Bis äißt gèwëëst bos jonngè Lëëben maain,
„Ēndèss ës ißt ä Bèchchèr von Kristall ëss
„Mèt fissen, goűbichhëűn To k a a i èr w a a i n.

„Ich tìënnk nèn ën väuln Ziigen; durch main Aubèrn
„Flisst èr wi Flamm. — Do fissèr, goűbjèr Raaufch! —
„Dèr K a a i f è r foll dich, Schäßchen, von mèr fäubèrn,
„Mèr fain Prinzèssen gëën: dènnkst, baff ich t a a u f ch? —

„Läig fchäin bain goűbich Kèppchen on main Schoűbèr!
„Ich fchlënng main Dorem ëm bain fchlannkè Hoff. —
„Wos f i i l ich dènnk hii for ä ftëű Gèpolltèr?
„'s hëëmèrt jä, wi nifcht gutts, hi oob unb off!“

Wos wèt gäin hëëmèrn? 's Hèrzës! „'s Hèrz, main Hèrzchen?“
Si machchen farrt Gèfpaas. Anb hoon Si käins?
„Na fuchch bèrs bach! Fiilst's? Just ä fèt Tèrz-Fèrzchen,
„Wi b a a i n s! — Sä ftäi bach ftëű, Gèwësspel äins!“ —

Au gäin Sè! Stëll wètts ftäin! Stëll ftäit 's èn T ä u b e n.
„Hast Rèëcht! Ä M i i l ch e n, bos nèch ftëűftäin blaaibt,
„Ëss 's Hèrz. Anb, Schäßchen, mèchchst bu äuch dèrräuben,
„Woos far ä M i l l è r n mèr main Miilchen traaibt? —

„Träußt nèchch? Di M i l l è r n ëss bi Liib, ës Wassèr
„Of's Miilchen buu, ä Bächchlain frifch anb räin.
„Main Millèrn bibb èn liiben Hèrrgott, baff èr
„Nèch 's Wassèr wèg nimmt, fonst m i s s t 's Miilchen ftäin!“

Au härrchen Sè! Gèklènngel unb Gètuttèr!
's Bii kimmt von Fèllb; itzt muff ich fluggèt ähäim! —
„Anb ichch of's Koor! Sä griss mèr fchäin bain Muttèr,
„Anb zäubenbs kumm ich zaaich anb — faib älläin!"

XXXII. Tfchipphèèrnrijè Fraaib.

Ich wäiss nèch, ir Laait,
Wof fich oonhäib vor Fraaib!
Di bèbräit fich nèch brènn, bie burchbrèkft mèr bi Brosst;
Kommt, taaièrstè Briibèr, kommt täilt mainè Losst!

Säu liib ho ich Alls!
Ich mècht fliigen on Halls,
Ich mècht prèssen ons Hèrrz hènt bi gannzè gannzè Wèllt,
Ès Källbchen owwen Häub unb èn Straauch owwen Fèllb.

Ich mècht frèkfen main Hännb
Onè Ennb, onè Ennb,
Unb bi Mènntfchenkènndèr allè ow äinmäul èmfchlènng
Unb ä Fittfchenfailèrpollka mèt fè fènng, mèt fè fprènng. —

O wi ènng èss bos Haaus!
Èn bi Fraaihait raaus!
Raausjuchchzen bèn Juubel èn bi waibè waibè Wèllt,
Roffjuchchzen bèn Juubel ons Himmelsgèzèllt!

Ich fiil mich fäu grènng!
Mècht èn Himmel rèn sprènng,
Zu bi Wèllkelchen brènng mèbben Baailchenbofft,
Mèt bi Lèrrchelchen sènng burch bi bläuè bläuè Lofft!

Mècht bi Sonnè mèr zäim,
(O wi wollt sè sich bäim!)
Unb èn äin Kariëèr burjen Himmel tschèräiln!
Èn Himmelross wètt boch bi Hoobèr nèch fäiln!

„Habb ä Mènntsch bos gèsëën!?
„Na wof èss bèr bènnk gèschëën?!“
Säu fräugt èr mich lachchenbich, ir liiben liiben Laait,
Unb bènnkt schirr vèrstäilnbich, ich saai nèch gèschaait.

Häi tribbelbibbelbii!
Main Waaib, bi Marii,
Häi tribbelbibbel, bibbelbibbel, bibbelbibbel bumm,
Main Waaibchen èss hènnb èn bi Wochchen mèr kumm!

A gollbijèr Jonng
Èss raaussèrgèspronng!
Ich hoo nèn gèposst unb bi Muttèr bèrzuu;
Itt schläufen bi zwuu unb ich loss sè èn Ruu.

Wien, 1864.
Verlag des Verfassers, zu haben bei Tendler u. Comp. (Karl Fromme).
Preis 10 Nkr.

Druck von Friedr. & Moritz Förster.

Fliegende Blätter in Zipser Mundart.

XIV.

Frifchfchbliindijèr und fchäinrichchendijèr

Zëppsèrfchèr Lüüdèrpufchfchen,

èn Hèrzensgrond frifch oosgèbrochchen,
mèt Liib und Fraaindfchaftsfaalb èmfchlonng
und Zèppsèns Jonnkfèrn, Zèppsèns Jonng
vor bi traalhèrz'jè Brosst gèstochchen

von

Lènndnèrs Êërnst von Kàifenmark.

Draalundraaiffichstè bis achtundraaiffichstè Bluum.

XXXIII. Faltfch Liibchen.

Wos hèlfen mich dain prächt'jè fchwarzè Lokken,
  Wènn fè nèch famft fich on main Scholdèr läin?
Wos hèlfen mich dain himmelbläuè Augen,
  Wènn fè nèch liibdurchblitzt näu maain fich dräin?

Wos hèlfen dainè räifelndijen Wanng mich,
  Wènn fè bai main Dèrfchaain nèch rèttèr bliin?
Wos hèlfen dainè ëërpèrräuben Lèpp mich,
  Wènn fè on maain nèch posschenfäilich gliin?

Wos hëlft bain lillijenlichtè stolzè Brosst mich,
　　Wènn's Hèrz brën bai main Komm nëch hëchchèr sprëngt?
Wos hëlft mich bain schnäiwaaissèr väulèr Dorem,
　　Wènn èr nëch gliinbich ëm main Hals sich schlëngt?

Wos hëlft mich all bain wundèrboorè Schäinhait,
　　Wènn bich än Annbèrtèr on Hèrzen hält?
Anb, Lilschen, wos ës wëërt bain Wundèrschäinhait,
　　Wènn, stotts bainsglaaichen, bèr bain Hèrr gèfällt?

XXXIV. Walbväigèlain.

Ich härch ën Walb, wi klënng tit
　　Dèr Väigèlain Gèsanng,
Anb wos ës alm schënnsten sënng tit,
　　Dos Väiglain tuu ich mèr fanng.

Aus taausenben wollb ich kènn kinn
　　Sain räuben Schnëëblains Klanng,
Anb bass ichs nëch sillt fanng kinn,
　　Därvarr ëss mèr's nëch banng.

„Anb hasst jä käin Lokkbëëren,
　　„Zu hänng on griin griin Asst;
„Anb soog, wi solls bich hëëren,
　　„Wènnst b' käin Lokktfavischen hasst?"

—◈ 63 ◈—

Lollbëër sain main zwai Augen,
’s Lollfaaifchen ëss main Mund;
Däubroff kimmtë flënnk gëfläugen,
Ës daauèrt kåin Szëkund.

„Wi häisst sain Bootèr and Muttèr?
„Wu hat’s sain häimlich Nësst?
„And soog mèr äuch, woos far Futtèr
„Dos liibè Väiglain frësst?“

Ës hat nëch Bootèr, noch Muttèr,
Ëf ëss ä Wäifëlaain,
Häbb äuch kåin Fraaid, kåin Futtèr,
Wènn ichchè nëch mëcht saain.

Main Mund ëf ißt sain Muttèr,
Sain Bootèr ëss main Blëkk;
Main Mund, bër brèngt nèn ’s Futtèr,
Main Blëkk, bër brèngt nèn ’s Glëkk

„Woof ëss dènk doos far Futtèr,
„Därvann ’s dänn fëngt fäu liib?“
Main Mund, di ämf’jè Muttèr,
Di fräußt’s mët laautrèr Liib.

„Wu hats sain Nësstchen woorem,
„Drëns bai bër Noocht ausruut?“
Sain Nësstchen sain main zwai Dorem,
Di hallbens ën fëchchrèr Huut.

——— ——— ———

XXXV. Vèrloornè Ruu.

Ich fēnd käin Ruu bèrtaaussen,
 Ich fēnd käin Ruu bèrtēnnt,
Anb fiil, dass ich muss stēërben,
 Wènn ich main Ruu nēch fēnnd.

Ich fēnnd käin Ruu bèrtaaussen,
 Ich fēnnd käin Ruu bèrtēnnt;
Main Ruu wor ēn main Hèrzen,
 Main Hèrz hast buu, main Kēnnd.

Du hast ä gollbich Kässtchen,
 Du schäinès Schätzchen main,
Anb bäu hälst brēnn vèrschlossen
 Main oornès Hèrzèlain.

Du hasts bäu brēnn vèrschlossen
 Mēt gollbijen Schlēsselchēn,
Anb's Schlēsselchēn ēns Fluubèr
 Säu tiff gèschmēssen rēnn.

Du wäisst, dass ich muss stēërben,
 Wènn ich main Ruu nēch fēnnd.
Ich wäiss mèr nēch zu räuben,
 Sä räub mèr buu, main Kènnd.

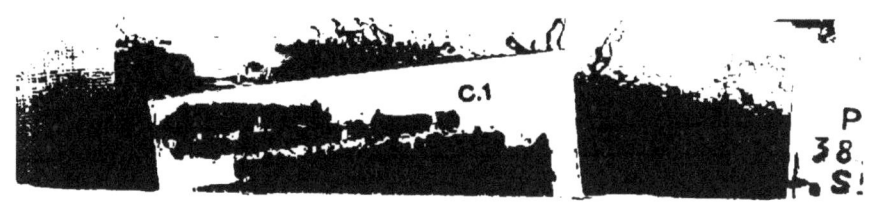

Soog, muſſ ich ſprëng ëns Fluubèr,
　　Daſſ ich dos Schlëßslain ſ̈nnd?
Obbèr kann ich ën baain Hèrzchen
　　Fënnden main Ruu, main Këunb?

XXXVI. Läubliid of 's Kläinè.

Fart tuun bi Laait nar 's Gruussè läuben,
　　Ës Kläinè dos läubt Niimanb, näin,
Anb bach ëss 's Hèrrlichstè ow Ëërben,
　　Ës Hèrrlichstè ën Himmel kläin.

Kläin ëss bi Pèrrel, kläin bèr Dëëmant,
　　Dèr allèrſchënnstè Äibelſtäin,
Anb kläin bëst buu, main kloorè Pèrrel,
　　Main hèllèr Dëëmant, buu bëst kläin.

Kläin ſain bi hëëren Himmelskënnbèr,
　　Di liiben Ënngelchen ſain kläin,
Anb buu, bèr Ënngelchen allnſchënnstès,
　　Main gollbich Ënngelchen, bëst kläin.

Kläin, ſaib ich bichch, bu kläinè Maaus, hoo,
　　Ëſſ äuch di Wèlt, bèr Himmel main;
Dènn mainè Wèlt, main Allst, main Himmel,
　　Bëst buu jä, gollb'jè Grimmel main!

Säugoor dèr Gott, dèr aus dèn Himmel
   Lènkt all main Sènn anb all main Säin,
Dèr allèrgrèsstè von alln Gèttèrn,
   Dèr Gott dèr Liib, èss kläin.

Dèr äigelt ën bain liiben Augen,
   Dèr lächchelt of bain liiben Munb
Anb schisst bäuhèèrn bi sissen Tfaail mèr
   Tiff ën main Hèrzens tiffsten Grunb.

XXXVII. Bèlaauschtè Liibèskloog.

Ich wäiss nèch, woos ißt mèt mèr èss! — Ich zittèr,
   Wènn ich nèn komm sèè, wènn ich hèèr sain Däun;
Ès gäit mèr durch main Säil als wi Gèwittèr.
   Saai ich bèhèrrt? èss ès mèr oongètäun?

Voorhèèr hat gannz main Hèrz gèhatt 's Pisuschschchen,
   's Boorfisschen gannz, ber kläinè Mäidelschwanz;
Wènn ich bain Guschschchen woor, woor ich ganz Guschschchen
   Anb wènn bain Källbchen, woor ich Källbchen ganz.

Main gannzès Hèrz woor bai dèr Muttèrs Lèèren,
   Anb bai dèr Schrèfft, bai haailijen Gèsanng;
Main gannzès Hèrz woor ën Gèbèèt bain Hèèren,
   Mèt Gottsgèbanken sai ich schläufen ganng.

Woos ich hoo gëërn gèhatt, äib ëër ës oonkumm,
Aßst hoo ich gëërn gèhatt mët gannzèr Säil;
Said ëër ën unsèrn Dorb ëss als Kaploon kumm,
Ës mèr main Säil gèbrochchen ën zwaai Täil.

Ich sëë nèn, wènn mich sïss ëmsurrt 's Pisuschschchen,
's Boorfissschen offwoort, mäibelt, fraainblich bëßt;
Ich sëë nèn voor mèr, wènn ich sittèr 's Guschschchchen,
Wènns Käßbchen losstich mich ëmsprëngt anb prëßt.

Ich bènnk on iin bai mainèr Muttèrs Lëëren,
Bain Biibeßëësen ëss mèr ëër ën Sënn,
Säugoor noch tschwëschen mich anb Gobb ën Hëëren
Stiilt sain Gèstalt sich, mët nèn schläuw ich ëun,

Anb äuch ën Schläuf nach lësst èr käinè Ruu mèr,
Farrt träimts mich anb ëër ëss ën jëëben Träum.
Durj iin komm ich ïtzt Toog anb Noocht nëch zuu mèr.
Ich saai bèhèxxt, ës ëss mèr oongètäun!

„'s ëss woor, bu bëst bèhèxxt, 's ëss oongètäun bèr.
„Ënbëss bèr Hèxxenmäis:èr, bëër sai ichch.
„Ich bann bi Hèxxèrai far gutten Läun bèr.
„Dèr Läun musst buu sain. Mëchst haairooten mich?“

XXXVIII. Ès Wassèrwaaib.

Ich sëë dich plättschèrn and wooben
　Du schäinès räislijès Waaib;
Wi lokkts mich ballb zu booben,
　Wi glèmmt mèr glaaich bèr Laaib!

Ich birr main Bènnbel niibèr,
　Ich wèrf main Wäut schnèll oob
And tonnk bi gliinbijen Gliibèr
　Fluggst èn bi Flnuten roop.

Di Wèlln, bi Wèlln, bi ziin sich
　Sãu schmaaichelnbich èm main Laaib,
Di Wèlln, bi Wèlln, bi ziin mich
　Zu biir, bu schäinès Waaib.

Bir liigen uns Brosst on Brèssten
　And brèkken Munb on Munb;
Di Wèlln, bi Wèlln, bi raauschen
　Sãu lipplich èn bèr Nunb.

Wien, 1864.

Verlag des Verfassers, zu haben bei Tendler u. Comp. (Karl Fromme).

Preis 20 Nkr.

Druck von Friedr. & Moritz Förster.

Fliegende Blätter in Zipſer Mundart.
XV.
Friſchſchbliindijèr und ſchäinrichchendijèr
Bëppsèrſchèr Lüdèrpuſchſchen,
èn vèrſlißten Joung uud vèrſchëëmten Jonkfèrn vor di Broßt gèſtochchen
von
Lènudnèrs Ëèrnst von Küiſenmark.
Naaiuundraaißßichßtè bis viirunviirzichßtè Bluum.

XXXIX. Di Auuglèru.

Ich ſëtz ſtëll anngeln on dèr Bachch,
 Ä hëbbſchèr Joung grobiibèr;
Es Fëſchſchlain häbb ich goor zu gëërn,
 Èn hëbbſchen Joung vill liibèr.

Ich zii main Äug von Anngel oob,
 Wèrf 's ſèllbèr aaus als Äungelchen;
Dèr hält's nëch aaus, kimmt durch di Bachch!
 Gèaungelt èss main Ènngelchen!

Dèr kimmt and brokkt and poßt mich ſchäin;
 Ich bitt nëch èm Èrboorem.
Flißt, Fëſchſchlain, flißt, ich hobb èn Fanng,
 Èn ſchënnſten èn main Dorem!

XL. Liibèsposschens Sissigkait.

Soog mèr oon, main Libbstèr, wailst b' bach Allèt wäisst,
Soog mèr oon, wäromm säu fiss bi Lèpp sain,
Wènn vèrliibtè Pèrèrchen sich possen?
Soog, wuhèèrn dèr himmlischè Gèschmakk èss? —

„Schätzchen schäins, ich hoo dèr schunt dèrzäilt van
„Himmlischen Promèètäus, dèèr bi èrrschten
„Mèntschenkènndèr hat aus Läim gèfuuremt,
„Anb zu dèèn bi ämf'jè Gètten Pallas,
„Sain woläiblè Jonnkfèr-Fraailchen Tfattèr,
„Wènn 's èr miiglich woor, sich ow ä Stinndchen
„Dobzusplaissen, gèèrn èss of bi Gass kumm.

„Ainmäul allso èss sè van Olimpsbèèrg
„Wiibèr zuu nèn roopèr kumm gèzollfèrt
„Mèbben Rokken anb hat unbèrn Kurrtchen
„Ä Putèllchen van allnfaainsten Nèkktar
„Mètgèbroocht, sich mèbben Hèèren Tfattèr
„Auch ämäul än gutten Toog zu machchen.

„Wii sè säu mètsoom gèmiitlich sippeln,
„Kimmb ès èrrschtè Mènntschenkèndèrpèèrchen
„Fraai anb frischsch anb fräilich rènngèhèppelt,
„Flättèrn fluggs zur gutten Goodusch Pallas,
„Gèèn ä Pattschchen, possen schäin bi Hannb èr,
„Stèmm sich jèèdèrèrs èr oon ä Knii oon,

„Ruffen fënnblich fëll ër ën bi Augen,
„Fräugen fè, woos fè nën mëttgèbroocht hat.

„And dèr Pallas, dii ès Pëërchen liib hat,
„Ëss ès läib ën Hërzen ëm bi Dorem,
„Dass fè hënt nën g o o r nischt mëttgèbroocht hat.
„Mëcht fäu gëërn nèn ä Ralifchfchchen Rëkktar
„Gëën! Dach 's ëss vèrbäuben ër van Booter,
„Dëër's Promëëtäus' Rënndèrn nëch vèrgënn wëll,
„Täub= and allbèrsfraai zu faain wi Gëttèr,
„And fè tonnkt fè nar ën Fënngèr ënn and
„Ziit nèn tfchwëfchfchen Lëppen dunrch ën Rënndèrn.

„And bi Lëpp, bi äitzt nar blass gèräifelt,
„Purpurfoorben faain fè fluggs durchfaaièrt
„Van dèr räuben Himmelsgluut van Rëkktar,
„And bi Rënndèr fiiln unwiibèrftäilich
„Sich gètriiben, Mund on Mund zu brëkken,
„And Unftëërblichkaitsgèfiil van Gëttèrn
„Ains ën anndèrn aaufen Lëpp zu zitzeln.

„Van dën ërrfchten Ëërdenpëërchen oobèr
„Hats of allè annbèrten vèrëërbt fich,
„And bi Lëpp fain dromm fäu fiss, main Libbstchen,
„Wënn vèrliibtè Pëërèrchen fich possen,
„Waail fè dann ën Rëkktar wiibèrkossten,
„Dëën di Pallas doomols droffgèftrëchchen;
„Dänhëërn ëss bëër himmlifchè Gèfchmakk, and,
„Rëchchwoor? itzt probiir bèr fluggst nèn wiibèr.“

XLI. On dèr Poppèr.

'8 Maaidchen ſtäib ēu Wallo on Uubèr.
Fēunklich ziit dèr Floss dèrniidèr,
Fēunklich ſchaaut ēn Floss di Sonnè,
And van Wassèr glutzt ſè wiidèr.

And bi Wanng untgliin dèr Jonnkſèr,
And dèr ſchwiilè Bnuſen ſchwēllt èr;
And itzt lēsst ſè läuf è8 Laaibchen,
Lipplich aauſen Laaibchen quēllt èr.

And itzt lēsst ſè läus bi Rokkſchnuur,
And è8 Rēkkchen rollt dèrniidèr,
And ēu ſchittèrn Hēmbchen ſtäit ſè;
Lipplich laaichten duurch bi Gliidèr.

Schoomhaft ſchaaut ſè rēmm, äuch '8 Hēmb fällt,
(Oo, wi Brosst and Lēunden ſchinmèrn!)
And ēu8 friſchſchè Wassèr ſprēnngt ſè;
Wäich ēmſchlēung di Wèlln di Schwimmèrn.

Oodèr Allst hat ſtēll bèäubachtt
Aufen Straaichen Nochchbèrs Tiinuſch,
Schlaaicht ävoor ſich, lächchelt ſchèllmiſch,
Läigt ſich voor di Wäut dèr Miinuſch.

XLII. Dèr Karfonnkelſtäin. 2.

Schäin Schäiſèrsmaiduſchſchchen, ich kumm dich fraain;
Soog, wëllſt main liibès Waaibchen ſaain?

„Wos wollb ich's nëch ſaain, du main Jëëgèrsmann ſchäin?
„Nar ſchaff mèr zur Hanb èn Karfonnkelſtäin!"

Èn Karfonnkelſtäin, dën ſchawm ich ën Stuurem,
Ich ſchiss dèr nèn roopèr van Fèlſentuurem! —

Anb du ſëunklijèr Stäin of dèr fëllſèrnèn Hëchch,
Main Bäugens Gèwallt widèrſtäiſt du jä nëchch! —

Sisst, Libbstchen, main ſchäinès, ën Lëfften èn Stäin?
Wi ä flättèrnbich Stëërenchen ſëunkelnbich ſchäin! —

„Ach Jëëgèr, ach Jëëgèr, itzt ſurrt èr ëns Säi!
„Däu lokkt nèn, däu ſänngt nèn mët Lachchen bi Fäi!" —

Halt, Fäichen, itzt ſprënng ich, itzt ſtäi ich vor diir;
Mainè Dorem ſain ſtarrk anb itzt ſchläu dich mët miir!

„Main Libbstèr, main Libbstèr, bi posst dich! o wäi,
„Itzt ziit ſè dich roopèr of äiwich ëns Säi!"

XLIII. Dèr Karfonnkelstäin. 3.

Libbstè Muttèr, loss mich gäin
Ëns Gèbiirich zu di Säin!
Lësst mich oobèr lësst mich nëch?
   „Guttèr Suun, nëch gäi dach, nëch!
   „Ën Gèbiirich, ën dën Säin
   „Wäun di faltschen Wassèrfäin.“

Ën Gèbiirich, bäuben Säin
Fënnkelt dèr Karfonnkelstäin;
Lësst mich oobèr lësst mich nëch?
   „Liibès Kënnb, nëch gäi dach, nëch!
   „Ën Gèbiirich, ën dën Säin
   „Wäun di faltschen Wassèrfäin.“

Ën Gèbiirich, bai bi Säin
Bliit bi Schäifèrn wunbèrschäin;
Lësst mich oobèr lësst mich nëch?
   „Taairès Kënnb, nëch gäi dach, nëch!
   „Ën Gèbiirich, ën dën Säin
   „Wäun di faltschen Wassèrfäin.“

Wëer bä roopgewënnt en Stäin,
Kriggt di Schäifèrn wundèrschäin;
Lësst mich oobèr lësst mich nëch?
 „Schäinès Kënnb, nëch gäi bach, nëch!
 „Ën Gèbiirich, ën di Säin
 „Biin dich rënn di faltschen Fäin.“

Ëm di Schäifèrn wundèrschäin
Passai ich mich mët bi Fäin;
Muttèr, Muttèr, halt mich nëch!
 „Gollbich Kënnb, nëch gäi bach, nëch!
 „Ën Gèbiirich, ën di Säin
 „Biin dich rënn di faltschen Fäin.“

Dach bèr Jonngèr gäib älläin
Ëns Gèbiirich, zu di Säin,
Härrcht bèr Muttèrs Bitten nëch:
 „Ainzich Kënnb, nëch gäi bach, nëch!
 „Ën Gèbiirich, ën di Säin
 „Biin dich rënn di faltschen Fäin!“

Anb ën tiffèten van di Säin
Liggt èr itzènd bai bi Fäin,
Härrcht bèr Muttèrs Kloogen nëch:
 „Libbètès Kënnb, du kimmst mäi nëch
 „Van Gèbiirich, van di Säin,
 „Van di faltschen Wassèrfäin.“

———

XLIV. Dèr Fèldhittèr èn dèr Karfonkelzaait.

Zäubendß schlänkl' ich mèt main Schätzchen
    Ibèrß bliindijè Gèfèld;
Väulmäun and Karfonnkel lächcheln
    Owwen Wëëg unß kloor and mèld.

And bä läig bèr èn di länngstè
    Fruchcht unß, èn di väulßten Èër,
Donè Soorg, di schämè Säut zu
    Knètken mèt dèr Kèrrpèr Schwëër,

Dènn wu Lippstèrchèn sich läigen,
    Stäin bi Hëëlmèr wiibèr off,
And dèr liibè Gott gètt Säigen,
    Taaufendfält'jen Säigen droff.

Säilich poß bèr, säilich drokf bèr
    Unf èn bliindijen Gèfèld;
Väulmäun and Karfonnkel lächcheln
    Unßèrn Fraaiden kloor and mèld.

Wien, 1864.
Verlag deß Verfaſſerß, zu haben bei Tendler u. Comp. (Karl Fromme).
Preiß 20 Nkr.

Druck von Friedr. & Moritz Förſter.

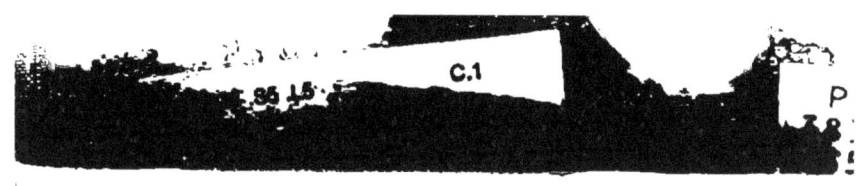

Fliegende Blätter in Zipſer Mundart.

XVI.

Friſchſchbliindijèr und ſchäinrichchendijèr

Bëppsèrſchèr Liidèrpuſchſchen,

èn vèrſlitzten Jong und vèrſchlëmten Jonkſèrn vor bi Brosst gèſtochchen

von

Fènndnèrs Ëernst von Käiſenmark.

Fëmbunviirzichstè bis naainunviirzichstè Bluum.

XLV. Dèr Karfonnkelſtäin. 4.
(Malaņiſche Form.)

Wiirbt dèr Schitz ëm Schäifèrs Maaidchen.
Zwënnkeln „Jaa" zwai Äiglain tonnkel.
Brummt dèr Battſchè: „Wirst ſain Braaitchen,
„Wènn èr roopbrèngt èn Karfonnkel!"

Zwënnkeln „Jaa" zwai Äiglain tonnkel.
Trëfft's èn's Hèrz wi Tſaail von Bäugen:
„Wènn èr roopbrèngt èn Karfonnkel!"
Zëëren zittèrn èn ſchäin Augen.

Trëfft's ëns Hèrz wi Tſaail von Bäugen.
„And ich brèng nèn, äinzich Maaidchen!"
Zëëren zittèrn ën ſchäin Augen.
„Nëch ſlëſſäigel, ſissès Braaitchen!"

„Anb ich brèng nèn, äinzich Maaibchen!"
Mächtich furrt dèr Tfaail von Bäugen.
„Nèch flèffäigel, fièèès Braaitchen!
„Dèr Karfonntel èff untfläugen!"

Mächtich furrt dèr Tfaail von Bäugen.
Zwaai Poor Augen 'näu nèn fchwènng fich.
Dèr Karfonntel èff untfläugen,
Fliggt èn Bäugen, ftèèrenfènnklich.

Zwaai Poor Augen 'näu nèn fchwènng fich.
Zwaai Poor Augen fraaibich blènnken.
Fliggt èn Bäugen, ftèèrenfènnklich.
Ach, èns Säi itz titt èr fènnken!

Zwaai Poor Augen fraaibich blènnken.
Kèèrt èr plètzlich käigen's Säi fich.
Ach, èns Säi itz titt èr fènnken!
Hält dèrtunn, di Hèrr, di Fäi fich.

Kèèrt èr plètzlich käigen's Säi fich.
Hat nèn Zäubèr oongèzäugen.
Hält dèrtunn, di Hèrr, di Fäi fich.
Kimmt mèt Lächcheln roffgèfläugen.

Hat nèn Zäubèr oongèzäugen.
Mächtich kann ès Säiwaib zäubèrn.
Kimmt mèt Lächcheln roffgèfläugen:
„Main Karfonntel mèchst bèräubèrn?"

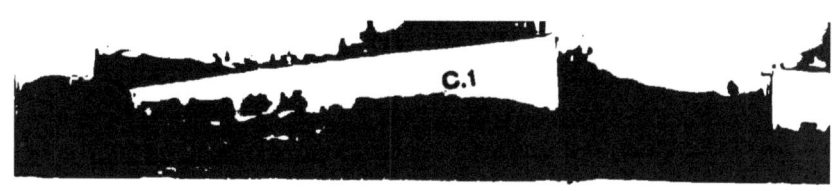

Mächtich kann ès Säiwaib zäubèrn.
   Säiwaibs Blëll, säu zäubèrsch blënnkt èr.
„Main Karfonnkel mëchst bèräubèrn?
   „Tonnk mët roop! Dèrtunnhëërn wënnkt èr!"

Säiwaibs Blëll, säu zäubèrsch blënnkt èr.
   Lësst sè wiibèr roop ëus Säi sich.
„Tonnk mët roop! Dèrtunnhëërn wënnkt èr!"
   Schwënngt bèr Schitz änäu bèr Fäi sich.

Lësst sè wiibèr roop ëus Säi sich.
   Ëss ën Fäinschloss ënngèzäugen.
Schwënngt bèr Schitz änäu bèr Fäi sich.
   Schitz and Fäi schaun Äug ën Augen.

Ëss ën Fäinschloss ënngèzäugen.
   „Gëbb itz ën Karfonnkel, Fäichen!"
Schitz and Fäi schaun Äug ën Augen.
   Fäinäug's Blëll' säu zäubèrsch läichen.

„Gëbb itz ën Karfonnkel, Fäichen;
   „Ich zumëschsch bain schaaum'nè Gliibèr!"
Fäinäugs Blëll' säu zäubèrsch läichen:
   „„Dobèr ichch poss 's Lëpp bèr liibèr!""

„Ich zumëschsch bain schaaum'nè Gliibèr!" —
   „„Ichch kinnt mëschschen, häbb ich Losst, bich!
„„Dobèr ichch poss 's Lëpp bèr liibèr,
   „„Drëll als Braaib'jen oon main Brosst bich.""

„„Ich ch kinnt mèschfchen, hább ich Loßt, dich!"„
Glattè Dorem wäich ëmfchlënng nèu.

„„Drëkk als Braaib'jen oon main Broßst dich!"„
Samft ën Schlummèr titt fè fënng nèn.

Glattè Dorem wäich ëmfchlënng nèn.
„„Do vèrgëß, vèrgëß dain Maaidchen!"„
Samft ën Schlummèr titt fè fënng nèn.
„„Säiwaib ëß dain fißèß Braaitchen."„

„„Do, vèrgëß, vèrgëß dain Maaidchen!
„„Schlummèr! träim von golb'jen Lèßßten!
„„Säiwaib ëß dain fißèß Braaitchen,
„„Wiigt dich famft on waaißßen Brëßßten."„

XLVI. Dèr Karfonnkelſtäin. 5.

Dèr Jëëgèr, wi di Cëëdèr fchlank:
„Du Schäifèrn, fchäin wi di Räufenrank,
„Wi ä Taaibchen fchaai, wi ä Stëërenchen räin,
„Soog, wëllſt als Waaibchen mëtt mèr gàin!"

Di Schäifèrn, fchäin wi di Räufenrank:
„Du Jëëgèr, wi di Cëëdèr fchlank,
„Gèwënn mèr van Fèllß èn Karfonnkelſtäin,
„Sä wëll ich als Waaibchen mëtt dèr gàin."

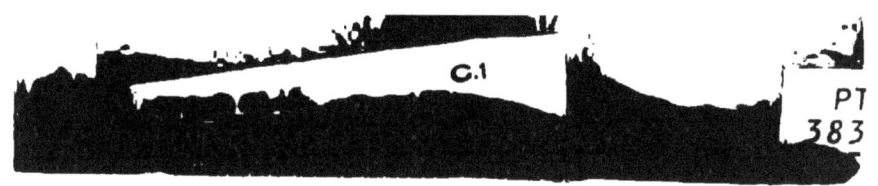

~෧ 81 ෨~

Dèr Jëëgèr, wi bi Cëëdèr ſchlanf:
„Du Schäiſèrn, ſchäin wi bi Räuſenranf,
„Ès lèttèrt dèr Tſaail, ès bèrzittèrt dèr Stäin,
„Èn Lèfften däu ſlättèrt èr, ſlittèrt èr ſchäin!"

Di Schäiſèrn, ſchäin wi bi Räuſenranf:
„Du Jëëgèr, wi bi Cëëdèr ſchlanf,
„Ès ſènnft, ach, ès ſènnft däu èns Säi dèr Stäin,
„Raausſchwènngt ſich bi ſchènnstè dèr Wassèrfäin."

Di Wassèrfäi, wi bi Lillich blanf:
„Du Jëëgèr, wi bi Cëëdèr ſchlanf,
„Komm roop, du main Schènnstèr, ſä kriggst èn Stäin,
„Als Waaibchen bi ſchènnstè dèr Wassèrfäin."

Dèr Jëëgèr, wi bi Cëëdèr ſchlanf:
„Du Wassèrfäi, wi bi Lillich blanf,
„Itzt ſaai ich gèfumm, anb itzt gèbb bèn Stäin,
„Sonst zumèſchfſch ich bèn Laaib dèr, bèn ſchaaumènèn, ſchäin"!"

Di Wassèrfäi, wi bi Lillich blanf:
„Du Jëëgèr, wi bi Cëëdèr ſchlanf,
„Bèrgèss du, bèrgèss du bi Schäiſèrn ſchäin,
„Dain Waaib èss bi ſchènnstè dèr Wassèrfäin."

XLVII. Dèr Fèldhittèr näu dèr Karfonnkelzanit.

„Oo, wooren dos fäilijè Zaaiten,
  „Wii nach dèr Karfonnkelstäin
„Bai Noocht hat gèlaaicht durch bi Waaiten
  „Èn räislijèr Pracht van bi Säin!

„Dä ʼss woll ä liibendich Pëërchen
  „Gang schaaun ën bi räislijè Pracht,
„Anb hat tschwēschen bliinbijen Ëërchen
  „Di Noocht unbèr Possen durchwacht.

„Ach, dann obbèr habb èn Karfonnkel
  „Ä Jëëgèr gèschossen roop!
„Itzt saain bi Nëëcht säu tonnkel,
  „Säu tschäuchrich, als wi ʼs Groob.‟

Säu sëung ich bai Noocht anb säu sëtz ich
  Èn Hittèrkaliibchen ën Fèlb:
Dä raauscht ʼs, — bä gèsëë ich urprëtzlich
  Di Noocht äsäu lipplich dèrhèllt,

Als wëëren sè wiibèr bi Zaaiten,
  Wu nach dèr Karfonnkelstäin
Bai Noocht hat gèlaaicht durch bi Waaiten
  Met räislijèr Pracht van bi Säin.

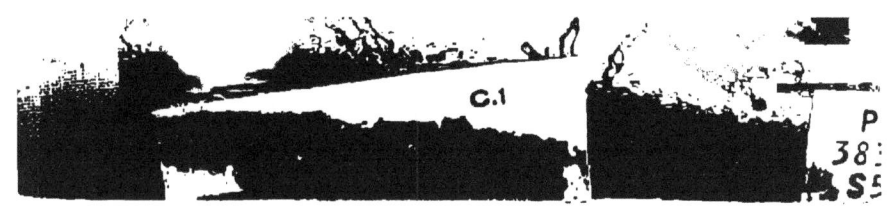

Ich see äuch ä liibendich Peerchen,
 Doos stell ën di räislijë Pracht
Rennschaaut aub ën bliinbijen Ëerchen
 Di Noocht unbèr Possen durchwacht.

Wuhëërn nar ow äinmäul dos Peerchen?
 Wuhëëren dèr Schaain äsäu schäin? —
Duu woorst gèkommu ën di Ëerchen,
 Main schäinèr Karfonnkelstäin!

XLVIII. Vèrschlossen Hèrz.

Main Schätzchen, du hast ä Kästchen,
 Ä golbich Kästèlain,
Däu drën däu hälst vèrschlossen
 Main oormès Hèrzèlain.

Du hast's däu drën vèrschlossen
 Mëb än golbijen Schlësselchën
Anb 's Schlësselchën gèschmëssen
 Ëns tiffè Fluudèr rën.

Soog, wëllst mèr iz daain Hèrzchen gëën
 Zun Lëzben, libbstès Kënd?
Obèr soll ich sprëng ëns Fluudèr,
 Äib ich nëch 's Schlësselchën sënd?

XLIX. Di Trënnbel.

Di Sonnè vèrſchwënnbt ën Gèwoüken ſäu ſchwëër,
Di Lofft titt ſäu laauèrn, bi Wèüt ëſſ ſäu lëër.
Dä tannzt voren Ꝛugen von ſpiünbijen Ꝛënnb
Di Trënnbel, bi lipplijè Tochchtèr von Wëunb.

Dos wëſſpelt anb wittèrt anb wiirbelt ſäu gäi,
Baüb bikkt ſich's on Bäuben, baüb hëppt's ën bi Häi,
Baüb nëchchèrt ſich's traaulich, baüb ſläichent ſich's ſpräib;
Ꝛn Ꝛënngèrchen Sëën anb Bèſënnong vèrgäit.

Ꝛtzt ſëërt's ën bi Fèrrent, itzt lokkt's äſäu hëü:
„Komm, Ꝛënngèrchen ſchäinès, komm fanng mich boch ſchnëü!
„Ꝛłain Laaib ëſſ ſäu lipplich, main Dorm ëſſ ſäu lëunb;
„Ꝛch ſläichen, ich ſläichen, bèrfoüg mich gèſchwënnb!"

Dä rènnt 's èr änäu anb bä raauſcht ſè zèrëkk.
Dä hatt ſè gèſchwënnb nèn bi Gliibèr ëmſtrëkkt.
Di wittèrt anb wiirbelt ſich hochch ën bi Häi.
Ꝛs Ꝛënb liggt zuſchmëttèrt on Bäuben, o wäi!

Wien, 1864.
Verlag des Verfaſſers, zu haben bei Tenbler u. Comp. (Karl Fromme)
Preis 20 Nkr.

Druck von Friebr. & Moritz Förſter.

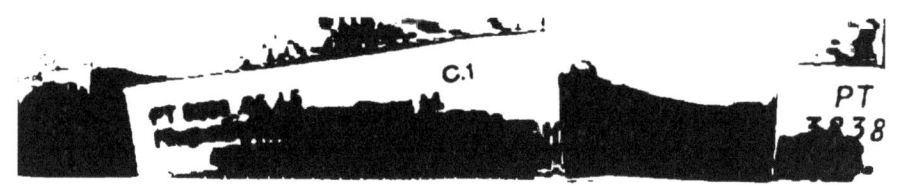

Fliegende Blätter in Zipſer Mundart.
XVII.
Friſchſchbliindijèr nnd ſchäinrichchendijèr
Bëppsèrſchèr Liidèrpuſchſchen,
ên vèrflixten Jong unb vèrſchêêmten Jonkfèrn, vor bi Broſſt gèſtochchen
von
Lênnduèrs Êêrnst von Kâiſenmark.
Fuffzichètè bis braaiunfuffzichètè Bluum.

L. Dèr Schwarzkinstlèr.

Z'uns ên Gèbiirich êſſ ä Platz,
 — Di häiſſen's ên „Bluumgoorten" —
Wu Schnittloch, Aſchſchloch, Têllè wêlkst,
 Halt allst wi ên än Goorten.

Vor allben Zaaiben wooren äuch
 Schwarzkinstlèr ên Gèbiirich,
Di hoon ès Gold wi Koop gèhatt,
 Anb ſaain nêch ganng ên bi Kiirich.

Ä ſettèr habb äuch däu gèwäunt,
 Wuu bèr Bluumgoorten jètz êſs;
Däu hatt èr ä prächchtich Haaus gèhatt,
 Von dèèn nor ſchunt dèr Platz êſs.

Dëër habb aich äinmäul allst gèwosst,
Wos näu anb waait gèschëën ëss.
Harrcht, liibè Laaitchen, woof ämäul
Ën Schoorhiirt nëch gèschëën ëss! —

Dèr Altè woor just wègg von Haaus
Roop ën bi Stäit gèstiigen;
Dèr Schoorhiirt gäit vèrbaai anb siit
Ën aaisèrnèn Rèchchen liigen.

Dèr bènnkt sich: „Hä! bu liggst far mich!
„Ich loss bich äuch nèchch liigen!„
Anb nimmt nèn unnbèrn Dorm anb läift,
Als jäischèrn nèn bi Striigen.

Anb läift bis roop ëns Voorbèrk anb
Vèrstëchcht nèn hènnbèrn Kèffèrn.
Dèr Altè oobèr hatt's gèsëën.
Nä woort, bèr wëtt's bèr tfèffèrn! —

Dèr Schoorhiirt kimmt zur Schoor zèrëkk,
Ës Hèrz ëss schwëër wi Blaai nèn;
Mëb äinmäul, — bèr vèrsiit sich's nèch, —
Stäit schunt bèr Altè baai nèn.

„Na, Käibè, schaau mèr ëns Gèsichcht,
„Anb soog, wu hasst main Rèchchen?"
„„Na wètten Rèchchen? Schatt bach oon!
„„Wëën kimmèrt aaièr Rèchchen?""

„Anb haſt nèn gèſtèrn zäubenbs nèchch
    „Vèrſtochchen hènnbèrn Kèffèrn?
„Fluggs läuf anb hull mèr nèn zèrèkk,
    „Sonſt wëë ich bich bèkèffèrn.“

Dèr Schoorhiirt läift, bäul Angſt anb Zoor'n,
    Anb mèmranit ën Gèbannken:
„Dass bach bëër Hunnb äuch boos nach wäiss!
    „Zuſchittel nèn ès Krannken!“ —

Dèr kimmt ëns Darf, bèr kimmt zèrèkk,
    Mèt Zittèrn anb mèt Zoogen;
Dèr Alltè zannt nèn ëns Gèſichcht
    Anb titt nar ſovvel ſoogen:

„Itzt ſchèkk bain Jonng mèr oww ä Joor!
    „Dèr wètt mèr's Wassèr troogen.
„Doos èss bain Sträuf. Nèch mukks bich, ſouſt
    „Varbräi ich bèr èn Kroogen.“

Dèr Schoorhiirt gäit anb ſchèkkt ſain Jonng.
    Dèr Jonng hat nèch zu kloogen;
Nar muss èr allè liibè Toog
    Ēn Goorten 's Wassèr troogen.

Anb wii ès Joor itz rèmmèr woor,
    Sä ſëëgt bèr Alltè zuu nèn:
„Hii hasst än Sakk bäul Gold, — bach noor
    „Dèrhäim offmachchen tuu nèn!“

Dèr Jonng bodannkt sich schäin anb läist,
　Annd fraait sich, nëch zu foogen;
Dach kann èr's iibèr's Hèrz nëch brènng,
　Èn Salk nar säu zu troogen.

Dèr mëcht ès Gollb dach gëëren fëën,
　Anb zäitèrt farrt on Schniiren;
Dèr Salk gäit off, — wos siit èr brënn? —
　Na nischt fain, als — Rossbiiren.

Dèr Jonng zuflëllt sich schèrr var Bäus
　Anb schmaaist bi Biirn zun Taaibel;
Ainn nimmt èr nar zu zaaigen mët,
　Dëën stëppt èr sich ëns Laaibel.

Dèr kimmb ähäim. „Wu hasst èn Läun?“ —
　„„Hii hoob èr nèn, — Rossbiiren!“„ —
„Nain Donnèr, Jonng, dof ëss jä Gollb!
　„Haëst mäièr sëttè Biiren?“

Dèr Jonngèr schaaut, anb 's ëss halt Gollb!
　„Na ich vèrsluchchtèr Äisel!
„Ǟn Salkväul hoo ich wëggèschutt;
　„Mäi hoo ich nëch ä Bräisel.“

Na Jonngèr, Jonngèr, itzt machch Fiss!
　Itzt läuf bi Biiren suchchen!
Sonst kriggst van Bootèr Taaibelsbrëschch;
　Dèr fänngt schunt oon zu fluchchen.

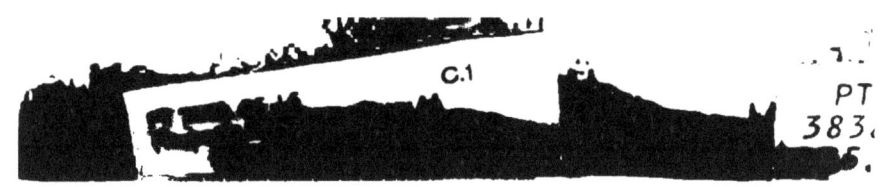

Dèr Jonngèr läift; dèr wäiss èn Oort,
    Wuu èr's hat wèggèschmèssen.
Bèrschwonnden èss ès! — Wègg and wègg! —
    Dèr hätt sich schèrr zurèssen.

„Gäist itzt ähäim, dèrschläun sè dich;
    „Blaaibst hii, krèpiirst var Honngèr.
„Doos kimmt dèrvann, wènn män nèch härrcht.
    „Gott saai dèr gnäidich, Jonngèr!"

LI. Ès vèrschwonndènè Brènnchen.

Di Schoorhittèr liigen èms Faaièr rèmm,
    Di liigen owwen Wänstèrn;
Di hoon di Piipen èn Maailèrn drènn,
    Dèrzäiln van Fäin and Gèspènstèrn.

Mèd äinmäul sprèngt ä Jonngèr off:
    „Harrcht, Bootèr, ich wèll trènnken!" —
„„N'and hasst jä Brènnèrchen èmmèrèng;
    „„Gäi schluubèr aauf än Brènnchen!""

Dèr Jonng, dèr gäid èn Mäundenschaain
    And fènndt sich bald ä Brènnchen;
Ès Wassèr drènn èss spiigelkloor,
    Dèr läigt sich niibèr trènnken.

Doch wii èr just schunt schluubèrn wëll,
    Woos siit èr owwen Bäuden?
Ä schäinè Käinichstochtèr sëtzt,
    Ganz gollbich oongèzäugen.

„Komm roop, komm roop, du schäinèr Jonng,
    „Es wëtt dich nëch gèraain;
„Jch sëtz bèr off main golb'jè Kräun,
    „Wëst mët mèr Käinich saain!"

„‚Au, harrt bach), schäinè Jonkfèr, harrt!
    „„Jch läuf's èn Bootèr nar soogen.""
Aub sprëngt van Bäuden aub flättèrt wèg,
    Als hätten nèn Fliigel gètroogen.

Dèr kimmt ën äin Biiben aub bèrzäilt
    Van Brënnchen aub van bèr Jonkfèr.
Di Schoorhittèr machchen narr äin Satz:
    „Main Donnèr, Laait, itz komm bèr!"

Di gäin aub suchchen hinn aub hëër;
    Es Brënnchen ës vèrschwonnden!
Di suchchen bis Moorgen, bis Mëttoog;
    Hat Käinèr nischt gèsonnden.

Jonng, wènn äwuu ä Glëkk bèr wënkt,
    Sä halt bain Zonng ën Zänden!
Wènnst b's annbèrn Laaiden plaaubèrn gäist,
    Fluggs wëtt sich 's vonn bèr wènden.

LIII. Dèr Karfonkelstäin. 6.

Di Schäifèrn on Säi säu losstich sèngt,
Dass ès losstich van Fèlsen zu Fèlsen dèrklèngt.
Bäuben Fèlsen — säu schlank! — titt dèr Schitz dèrschaain;
Dèr kimmt sè als Braaitchen, als Waaibchen sich fraain.

Dèr Schäifèrns Blèkk hoffärtich blènkt,
Hoffärtich zun Fèls, zun Karfonnkel sich schwèngt:
„Wèr sich traaut, mich zu fraain, soll mich taaièr dèrfraain;
„Far main Liib muss dèr Läun dèr Karfonnkelstäin saain!"

Di Schäifèrn on Säi säu losstich sèngt,
Dass ès losstich van Fèlsen zu Fèlsen dèrklèngt.
Ä Tfaail titt än Tfèff and dèr Stäin gitt än Schaain,
And flättèrt èns Säi, èn dèr Fäin irè Raain.

Dèr Schäifèrns Blèkk hoffärtich nach blènkt,
Hoffärtich èns Säi nach, èn Stäin änäu drèngt:
„Wèr sich traaut, mich zu fraain, soll mich taaièr dèrfraain;
„Far main Liib muss dèr Läun dèr Karfonnkelstäin saain!"

And bie Fäi aufen Säi sich lächchelndich schwèngt;
Dèr Zäubèrkarfonnkel èn Hännden èr wènkt:
„Komm roop, du main Schènnstèr, dèr Stäin soll baain,
„Dain Braaut bi allnschènnstè dèr Fäin soll saain!"

Dèr Schäiferns Blëtt hoffärtich nach blënkt,
Hoffärtich ëns Säi nach, dèr Fäi änäu brëngt:
„Wër sich traaut, mich zu fraain, soll mich taaièr dèrfraain;
„Far main Liib muss dèr Läun dèr Karfonnkelstäin saain!"

Di Schäifèrn on Säi nach losstich sëngt,
Dass ës losstich van Fèlsen zu Fèlsen nach klëngt.
Dèr Schitz ëss gèspronng ën dèr Fäin irè Raain.
Ach, Stund kimmt of Stund and käin Schitz titt dèrschaain!

Dèr Schäiferns Blëtt flëssäiglich itz blënkt,
Flëssäiglich ëns Säi itz, ën Schitz änäu brëngt:
„Wër mich immèr mëcht fraain, wëtt mich nëch mäi dèrfraain;
„Far main Laaicht fënn dèr Läun wëtt ës Säigroob saain!"

LIII. Ungèrsches Volksliidchen.
Mël.: Nézz rózsám a szemembe.

Schaau, main Schatz, ëns Äug mèr rënn!
Soog mèr, woos tist lëësen brënn?
Nëchwoor? 's stäit bäu brënn: Nëchwoor? 's stäit bäu brënn:
Duu bëst dèr Ènngelchën fënnkelndich Stëërenchën.

Wien, 1864.
Verlag des Versassers, zu haben bei Tendler u. Comp. (Karl Fromme).
Preis 20 Nkr.

Druck von Friedr. & Moritz Förster.

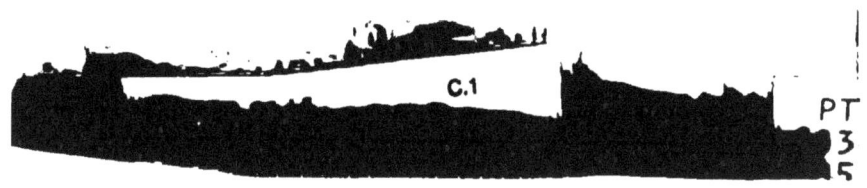

Fliegende Blätter in Zipser Mundart.

XVIII.

Frischschbliindijèr und schäinrichchendijèr

Bëppsèrschèr Lüüdèrpuschschen,

én vèrflittten Jong und vèrschëëmten Jonkfèru vor bi Brosst gèstochchen

von

Fenndnèrs Ëërnst von Käisenmark.

Biirunfuffzichstè bis sèchchzichstè Bluum.

– –

LIV. Guttèr Räut.

Ich fènd käin' Ruu dèrtaaussen,
   Ich fènd käin' Ruu dèrtènn;
Ä Maaidchen, ä hèrrzich Maaidchen,
   Hèppelt èn Hèrz mèr rèmm.

O Maaidchen, hèrrzich Maaidchen,
   Wos kimmt dèr nor èn dain Sènn,
En Hèrz mèr rèmmzuhèppeln,
   Wu's säu bèdrang èss drènn?

Diir nètzt nischt, miir wèst's Hèrz noch
   Mèt dain Gèsprènng zusprènng!
Komm oon main Hèrz gèhèppelt!
   Sä èss gèhollfen alln zwènn.

– – –

LV. Dèr fliigendijè Minnich. 2.

Käinè Lofft gäit,
Haaiëërndofft wäit,
's Haaifchrèkkhëër ën gëëln Gètraaid fëngt;
Schwiilèr Summèr . . .
Mèttoogs=Schlummèr
Samft of räuben Kläustèrs Laait fènkt.

Äinn untrènnt èr . . .
Summèr, Wènntèr,
Toog and Noocht ëss wachch di Säil nèn.
Fliigen mècht èr;
Fliigel flècht èr;
Farrt, ach, titt di Fluugkraft fäiln nèn!

Ha, wos fènkelt?
And dèr zwènkelt:
Èff on Fènnstèr ä kläin Ènnglain,
Hält ä Spiiglain,
Häibt di Fliiglain,
„Loss mich ènn!“ klèng Himmelsklänng fain.

Off ir Riigel,
Fènnstèrfliigel! . . .
Dofft and Glannz fèllt 's bomp'jè Stiibchen!

Mĕdden Spiiglain,
Owwen Fliiglain
Flättèrt iibèrn Minnch ès Piibchen;

Zaaigt ēn Spiigel
Off griin Hiibel
's fchĕnnstè Maaidchen . . . Träimbich liggt fè,
Träimbich lächcht fè,
Itz dèrwächcht fè:
„Wiibèr wègg dèr liibè Libbstè!"

„„Wĕĕr dèr Liibstè
„„Ichch, du Liibstè! —
„„Brènng mich, Ènngel, off dèn Hiibel!"„
Ènn nèn zittèrt's
And gèwittèrt's . . .
Aufen Schaldèrn quĕlln nèn Fliigel!

Ènngels Fliigel,
Ènngels Spiigel
Wènnken voorwärts . . . Flènk änäu nèn!
'Näu èn Spiigel
Schwènng fain Fliigel
Durch's gèhäidrè Himmelsbläu nèn.

Tool and Bĕĕrg fchwĕndt. —
Ha! ä Hĕĕrd blĕnkt
Waaiss on Wallbrand, off griin Hiibel!

Anb wëer hitt fè?

Ha, bi Libbstè!

Anb untschwonnben ëss bèr Spiigel!

's klënngt èn Libbstchen

Noch von Schnitzchen:

„Wiiber wègg bèr liibè Libbstè!..."

Näin, hi stäit èr!

Zuu èr gäit èr . : .

Lipplich ën fain' Dorem liggt fè.

——— —— - -

LVI. Ès vèrschwonnbènè Brënnchen. 2.

's Faaièr luubèrt,

Rëmmèr huugèrt,

Räuchenbich, ä Kräis von Hittèrn,

Rëbbt von Bëërgen,

Fäin unb Zwëërgen

Unb wi 's Gëlb fich titt bèrwittèrn.

„Ainjè, Bootèr,

„Härrcht bach, hoob èr

„Nifcht zu trënnken?" — fëëgt ä Jonngèr.

„„Emmèrënng faain

„„Taaufenb Brënn faain;

„„Gäi anb fuchch än gutten Bronn bèr!""

Unb ſä gäit èr . . .
Fënnklich ſtäit dèr
Mäun on Himmel, zaaigt än Bronn nèn.
Häi, wi blënnkt èr!
Von bëën trënnkt èr!
Läigt äuch ſluggs ſich trënnken vonn nèn.

Läigt ſich niidèr,
Bäigt ſich iibèr,
Häi, bä glutzt viü Goüd on Bäuben!
Drënn ä ſchäinè
Fäi, ä kläinè;
Rifft nèn mët dèr Schnutz, dèr räuben.

„Komm, bu kläinèr
„Jonng, bu ſchäinèr!
„Komm main Pëërchen ën dèr Prachcht ſain!
„Schatz und Schätzchen,
„Schmatz off Schmätzchen,
„'s wëbb ä Lëëben wii off Tafft ſain!"

„„Schäinès Fraailchen,
„„Harrt ä Waailchen,
„„Biſſ ich's läuf èn Bootèr ſoogen!""
Sprëngt von Bäuben . . .
Donè Äuben
Kimmt èr, wii von Wënnb gètroogen.

Unb bi Hittèr,
Wi Gèwittèr
Sprëng fè off: „Nain Zèntnèr Donnèr!
„Pakk bèr glaaich uns,
„Machch bèr raaich uns!
„Gutt, basst b's uns kimmst foogen, Jonngèr!

Allb unb Jonng joogt. —
„Wuu 's bëër Bronn? foogt!" —
„Hasst nèn?" — „Hoo bèr nèn gèfonnben?"
Läufen, Suchchen,
Schèlben, Fluchchen . . .
's Brënnchen ëss unb blaaibt vèrfchwonnben.

LVII. Dèr Walbtanibel.

Es fètzt fich bi Jonkfèr ën fummbijen Walb;
Bain Sëng von bi Väigèlain fchlummèrt fè balb,
   Ëu Träim fich, ën lipplijen, fonnbich. —
Dèr Walbtaibel fchlaaicht fich von Straauch itz zu Straauch;
Dä tfchèfchfchpèrt gèfchwënnb èr ä himmlifchèr Haauch:
   „Wach oww unb mach oww unb bèrvonn bich!"

Di Jonnkfèr, bi fchrëkkt aufen Schlummèr èmpoor;
Dä zaaigt tfchwëfchen Zwannken fäu zannbich ävoor
   Ä hrënifch, gèhëërent Gèficchcht fich.

Dä fiilt fè ä firchtèrlich Banng ën dèr Brosst,
Und fläichent — wuhinn? ëss fè nëch fich bèwosst —
   Und fläichent vorn wiidrijen Wichcht fich.

Di fläichent fich flënk ibèr Stokk, ibèr Stäin,
Zun Wallb raue, ëns Fèllb rën, durch Grënnd, ibèr Häin,
   Und traaut fich nëch, ëmm fich zu blëkken.
Ës riirt fich käin Lëfftchen, di Sonnè bi gliit;
Dä brëchcht èr dèr Schwäiss aus, bä wërd fè fäu miib,
   Di Knii, bi fang oon èr zu knëkken.

„Oo, Gott, dèr wët ballb, dèr wët ballb fè bèrbäun;
„'s ëss ballb ëm bi Jonkjèr, bi räinè, gètäun!
   „Ir Himmlifchen, hoot boch Dèrboorem!"
Dä hatt bi bormhèrrzijè Ëërd fè vèrfchlonng ...
Roor faain on bènfèllbijen Plätzchen untspronng ...
   Hëërst faaifzen bi Säil bäu ën Rooren?

———————

LVIII. Ungèrfchès Volksliibchen.

Mël.: Város végin egy kis ház.

Bai dèr Maaut ä Haaus, ä kläins ;
   Wos mächet brënn, Maidufchfchchen fchäins?
      „Putz ich mich nonb än Grimmel off,
      „Waail ich hënt main Hèrzpunk hoff."

———————

LIX. Pètëëfiſchès Liìdchen. 8.

Mèl.: Gyere, lovam, hadd tegyem rád nyergem.

Komm unb loss bich footeln, liibès Fillschën!
Dènn ich muss noch hënnt fain bai main Libbstchën.
Ën bi Biigel fètz ich itz bi Fiss rènn,
Dobèr mainè Säil ës ſchunt bain Libbstchën.

Schaau bos Bäiglain! 's ſchwëngt ſich näu fain Poor aus;
Schnèll, ſchnèll ſliggt's, ëss uns ſchunt waait ën vooraus.
Off, bèrfollg bèr's! Flënnk, main liibès Fillschën!
's wëtt bach nëch ſilln liibèr hoon fain Liibstchën!

LX. Zur Siiſen.
Schottiſch.

Wènn iibèrn Bëërg, wu 's Wassèr flisst
Durch Wäldèr anb burch Wiiſen,
Di Wënntèrſonn èn Toog bèſchlisst,
Mach ich mich off zur Siiſen.

Dèr pollſchè Wënnb bläist ſchoorf ëms Haaus,
Anb wäit väul Schnäi bi Wiiſen:
Ich nèmm main Pläu anb ſtëël mich raaus
Anb iibèrn Bëërg zur Siiſen.

Wien, 1864.
Berlag bes Berfaſſers, zu haben bci Tenbler u. Comp. (Karl Fromme)
Preis 20 Kr.

Druck von Friedr. & Morih Förſter.